DOCUMENTS

RELATIFS

A L'EXTENSION DES LIMITES

DE PARIS.

PARIS,

CHARLES DE MOURGUES FRÈRES, SUCCESSEURS DE VINCHON,
Imprimeurs de la Préfecture de la Seine,
RUE JEAN-JACQUES ROUSSEAU, 8.

—

1859.

RAPPORT A L'EMPEREUR

(Moniteur du 12 Février 1859).

Sire,

En 1841, lorsqu'on résolut de protéger Paris contre toute chance d'agression extérieure par une fortification continue, tout le monde pensa que les groupes d'habitations déjà considérables qui se pressaient autour du mur d'octroi, bien qu'ayant une administration municipale distincte, n'en feraient pas moins partie intégrante de l'agglomération parisienne.

Rien n'eût été plus facile, plus opportun peut-être, que d'effectuer du même coup la réunion en une seule commune de tous les territoires enfermés dans la ligne des fortifications. Le bon sens public ne comprenait pas qu'une ville eût deux murailles, et qu'au sein d'une même population il existât à la fois divers régimes administratifs et financiers.

Mais les intérêts qui s'étaient fondés sur cette diversité dans les communes suburbaines s'agitèrent; le Gouvernement, attaqué par les partis au sujet de la fortification même, et le parlement, affaibli par les divisions intestines, s'entendirent pour dégager la grande affaire de la défense nationale de toute difficulté relativement secondaire, et l'organisation définitive du nouveau Paris fut ajournée. Un article de la loi du 3 avril 1841 régla que l'octroi de Paris, c'est-à-dire l'administration parisienne, dont l'octroi est l'expression, parce qu'il est la source de sa richesse, ne pourrait être reporté aux fortifications qu'en vertu d'une loi spéciale.

La construction d'une nouvelle enceinte impliquait toutefois si clairement la destruction de l'ancienne, l'annexion à Paris des communes comprises entre les deux lignes semblait sortir comme une conséquence si naturelle, si directe de la loi des fortifications, qu'un délai de vingt années ayant été demandé à la Chambre des députés, l'amendement souleva des exclamations et fut rejeté sans débat. Or, ce délai, qui semblait excessif alors, est près de son terme. Dix-huit ans se sont écoulés depuis que la question a été posée et la solution annoncée. Qui donc pourrait s'étonner, qui pourrait se plaindre, si le Gouvernement de l'Empereur juge indispensable la réalisation d'une mesure si longtemps suspendue par ménagement pour les intérêts particuliers qu'elle pouvait froisser, qu'il y veuille aujourd'hui donner suite ?

Mais cette mesure est-elle en effet nécessaire, conforme à la raison, au bien public, aux besoins de l'Administration, aux enseignements d'une sage politique? ou doit-il en résulter pour les habitants de la zone suburbaine, pour les ouvriers notamment et les industries qui s'y sont agglomérés, un tel dommage que toute considération administrative et même politique doive céder à la crainte de troubler tant d'existences ?

Votre Majesté m'a ordonné d'étudier ces questions. Je l'ai fait, et je viens lui soumettre le résultat de mon examen.

§ 1er.

En 1806, les territoires compris dans la zone suburbaine ne contenaient en tout que 13,227 âmes. En 1841, lors de l'adoption du projet des fortifications de Paris, la population était de 114,315 habitants. En 1856, date du dernier recensement, elle s'élevait à 351,596.

Montmartre y figure pour 36,000.

Batignolles, sur des terrains qui étaient encore en culture il y a trente ans, représente un chiffre de 44,000.

Belleville en compte 58,000.

La Villette, La Chapelle, Passy, Grenelle, etc., ont suivi, dans leur développement, une progression équivalente.

Ce sont des groupes d'habitations considérables, supérieurs par leur population à la plupart des villes chefs-lieux des départements de l'Empire.

Mais quand on examine les choses de près, on reconnaît promptement qu'on ne les peut comparer aux cités importantes avec lesquelles, si l'on s'arrête aux chiffres de la population, elles peuvent rivaliser; que loin de pouvoir être considérées comme des villes, elles manquent du principe constitutif de toute administration communale, une existence indépendante; et qu'avec une organisation municipale distincte, elles ne sont en fait et en réalité que d'immenses faubourgs de la cité qui leur a donné naissance. Tous leurs intérêts gravitent vers Paris.

Que deviendraient-elles, en effet, séparées du tronc qui les soutient et les nourrit? Où sont leurs monuments publics, leurs lycées, leurs hôpitaux, leurs halles, leurs établissements militaires, leurs tribunaux, leurs prisons, etc., etc.? tout ce qu'une ville isolée est obligée de construire et d'entretenir, n'est-ce pas dans les murs de Paris qu'elles le trouvent? N'est-ce pas là que sont les intérêts d'affaires, les occupations de toute sorte, et jusqu'aux délassements les plus habituels de leur population?

Les communes issues de Paris se sont d'abord groupées auprès des barrières, puis étendues le long des routes impériales, où les habitations se pressent maintenant sans aucun intervalle. Plus tard, les maisons se sont établies sur les chemins vicinaux, mais en cherchant toujours les communications les moins difficiles avec la barrière de Paris la plus voisine. On n'a bâti, d'une barrière à l'autre, le long du boulevard extérieur et au delà, que faute de meilleurs emplacements, et alors on l'a fait sans autre règle que la convenance de chacun, sans le moindre souci de ce qui pouvait exister de l'autre côté de l'obstacle infranchissable du mur d'octroi.

De même chaque commune, en grandissant, a très-peu songé à combiner ses percements avec ceux des communes voisines. Toutes ayant leurs tendances vers Paris, elles ont concentré leurs efforts dans la direction des barrières qui leur étaient respectivement ouvertes, et elles en ont peu fait pour se relier entre elles. Cependant déjà elles se touchent, elles se confondent, et de leur juxtaposition résulte un informe assemblage de belles rues sans but, de ruelles et d'impasses immondes, de quartiers modernes plus ou moins bien dessinés, de groupes d'habitations entassées sans ordre, et de lacunes impraticables.

Quelle dépense ne faudrait-il pas s'imposer aujourd'hui pour régulariser convenablement la zone qui entoure la ville? Mais l'entreprise deviendra tout à fait inabordable, pour peu qu'on laisse se développer sans règle le mouvement prodigieux de constructions qui est signalé dans cette zone depuis quelques années. Le décret du 25 mars 1852, relatif à la décentralisation administrative, donne, il est vrai, au Préfet de la Seine, le droit d'arrêter, pour les communes suburbaines, les plans généraux d'alignement prescrits par l'art. 52 de la loi du 16 septembre 1807; mais, pour les percements nouveaux, pour les redressements considérables, pour toute mesure, en un mot, qui excède l'application des règles de simple voirie aux rues existantes, l'usage de ce droit est subordonné à l'initiative des conseils municipaux. Or, on ne saurait espérer que ces corps administratifs consentent à faire abstraction de l'organisation communale actuelle, pour agir en vue d'un ordre de choses différent qu'ils peuvent ne pas désirer ; et quand, par impossible, tous parviendraient à se placer au-dessus des petites considérations de localité, quand tous se trouveraient animés d'un même esprit pour chercher la meilleure satisfaction possible des intérêts présents et à venir de l'ensemble de l'agglomération parisienne, serait-il rationnel d'attendre d'une fédération de municipalités l'acceptation d'un plan général, pour laquelle il est souvent si difficile d'obtenir l'accord d'une assemblée unique ?

Ajoutons que les plus étranges inégalités de conditions résultent souvent de la diversité des juridictions administratives pour les habitants de localités contiguës, quoique les intérêts soient identiques, les habitudes uniformes, et qu'ils puissent se considérer comme du même quartier. Le pavage, les trottoirs, les égouts ne se prolongent d'une commune à l'autre, ce qui veut dire quelquefois du côté droit au côté gauche d'une même rue, qu'au moyen de négociations compliquées. Les distributions d'eau et de gaz, très-incomplétement assurées partout, le sont, en général, d'une façon très-différente. La répartition des contributions n'est point assise sur des évaluations de revenu ou de loyers absolument conformes, et l'égalité proportionnelle des cotisations, si parfaite entre tous les points de Paris, est loin d'exister avec la même précision entre les maisons voisines qui appartiennent à deux communes suburbaines. Évidemment un seul moyen existe d'échapper à ces tiraillements et de sauvegarder les intérêts de l'avenir, c'est de réunir sous la même administration tout ce qu'enferme le mur des fortifications.

§ 2.

Il est une raison plus grave encore de hâter l'annexion.

La surface de Paris, si l'on en retranche le lit de la Seine, est de 3,288 hectares ; la population qui la couvre est 1,174,346 habitants. Depuis sa dernière organisation, la police de Paris est faite par 3,260 agents environ, en comptant le personnel auxiliaire. La ville est divisée en îlots, que surveillent jour et nuit des sergents de ville, à l'instar des 6,600 constables de Londres. Paris a donc environ un surveillant par hectare superficiel et pour 360 habitants.

La surface comprise entre le mur d'octroi et les fortifications, déduction faite du sol occupé par la route stratégique et la fortification même, est de 3,800 hectares; sa population est de 351,189 habitants. Dans cette vaste zone, la police ne compte que 68 agents, brigadiers ou appariteurs, faisant fonctions de sergents de ville et d'inspecteurs de police. C'est un agent par 56 hectares environ et pour 5,165 habitants ! Or, comment avec un personnel si restreint exercer une surveillance efficace ? Et cependant, aucun point de la France n'appelle une police plus vigilante et plus ferme ! La population, en majeure partie mobile, se recrute, tantôt des ouvriers de la province et de l'étranger, tantôt de ceux qui refluent de l'intérieur de Paris, et au milieu de cette foule qui vit le jour dans Paris et la nuit dehors, qui passe incessamment d'une commune à l'autre, se disperse et se re-nouvelle sans cesse, viennent se cacher naturellement les existences douteuses et les industries suspectes.

La plupart des communes, frappées de l'inefficacité de la police, ont adressé à l'autorité publique des réclamations pressantes, soit par l'intermédiaire des ma-gistrats municipaux, soit sous la forme de pétitions. Elles déclarent que l'absence de ressources financières les réduit à l'impuissance de remédier elles-mêmes à une situation intolérable. De quelle autre raison est-il besoin pour justifier le projet de rattacher les populations dont elles ne sauraient plus garantir la sécurité à une organisation plus sérieuse et plus forte ?

§ 3.

La principale objection que rencontre la mesure projetée est empruntée à la différence existant entre les taxes perçues aux barrières de Paris et celles aux-quelles est assujettie la zone suburbaine.

Il est impossible assurément de méconnaître que nombre de personnes ont fondé sur cette différence dans les perceptions de l'octroi le calcul de leur vie. Une masse d'ouvriers et de petits employés cherchent dans la banlieue une existence économique et du travail, et même en face des intérêts généraux les plus élevés, cette considération ne peut être négligée, car ce serait oublier la sollicitude paternelle du Gouvernement de l'Empereur pour les classes laborieuses.

Mais s'il ne faut pas dissimuler la difficulté, il ne faut pas non plus l'exagérer.

Quand on rapproche du chiffre de la population recensée dans Paris en 1856 le montant des droits de toute espèce perçus aux barrières pendant la même année, on trouve une moyenne de 53 fr. 08 c. par individu, tandis que le montant des droits indirects de toute nature perçus également, en 1856, dans la zone com-prise entre le mur d'octroi et l'enceinte fortifiée, divisé par la population de

2

cette zone, ne donne que 28 fr. 81 c., d'où il semble naturel de conclure que, toutes choses égales d'ailleurs, l'annexion à Paris des territoires qu'elle embrasse, fera supporter à chaque habitant, du chef des droits indirects, une surcharge de 24 fr. 27 c.

Mais cette conséquence, mathématiquement exacte, a pour base un raisonnement erroné.

La moyenne de 28 fr. 81 c., qui représente bien, pour la zone comprise entre les deux enceintes, le produit des taxes portant sur des consommations personnelles, se compose, pour 22 fr. 39 c., de droits d'entrée, de consommation, de circulation, de licence et de détail, prélevés au profit du Trésor sur les boissons, et, pour 6 fr. 42 c. seulement, de droits d'octroi perçus par les communes à peu près exclusivement sur les boissons et sur la viande.

Il en est autrement du chiffre de 53 fr. 08 c., applicable à Paris. Celui-ci se compose, pour 14 fr. 11 c., de droits d'entrée recueillis par le Trésor, sur les boissons, et de 38 fr. 97 c. de droits d'octroi perçus par la Ville.

Or, si de cette dernière somme, on retranche les taxes afférentes :

1° Aux matériaux de construction ;

2° A la houille consommée dans les usines ;

3° Aux objets qu'emploie l'industrie ;

4° Aux fourrages, dont la dépense est inconnue dans les petits ménages ;

5° Aux objets de consommation de luxe, tels que truffes, pâtés de foie, gibier, volaille et poissons de choix, huîtres, glace à rafraîchir, etc., toutes choses qui ne sont pas à la portée des ouvriers, artisans, employés et petits rentiers de la banlieue, c'est-à-dire de la classe qui excite à si juste titre la préoccupation de l'Empereur, la différence entre l'habitant de Paris et celui de la zone suburbaine n'est plus que de 11 fr. 67 c. Et encore est-il facile d'apercevoir que cette moyenne, comme presque toujours, couvre des inégalités. En même temps que, pour certaines catégories de personnes, la surcharge dépassera le chiffre de 11 fr. 67 c., pour celles que la médiocrité de leur situation condamne à la plus stricte économie, elle restera au-dessous.

Mais enfin, une augmentation de près de 12 fr., encore bien que répartie en fractions souvent imperceptibles sur tous les objets de consommation, elle soit à peine sensible, constitue, pour le petit contribuable, une aggravation ; chose fâcheuse si à côté du mal ne se trouvait un remède efficace.

Dans Paris, comme partout, la contribution mobilière est répartie proportionnellement au montant des locations. Mais, pour les loyers de 1,500 fr. et au-dessous, le principe reçoit des modifications : la perception s'atténue graduellement ; elle cesse quand les loyers sont inférieurs à 250 fr. Le déficit est comblé par un prélèvement sur l'ensemble des recettes municipales.

Rien de semblable dans la banlieue. La contribution personnelle et mobilière y est d'ailleurs la plus onéreuse de toutes. Chaque année le principal est rehaussé par l'inscription sur les rôles des constructions nouvelles qui se multiplient avec rapidité, sans toutefois que le nombre des habitants en état de payer l'impôt s'accroisse dans la même proportion.

Ainsi, les loyers de 500, de 800, de 1,200 fr., qui ne supportent à Paris que des cotisations de 12, 32 et 48 fr., sont taxés, en moyenne, dans la banlieue, 50, 80, 120 fr.

Ainsi, les loyers de 250 fr., exempts à Paris de toute prestation, sont grevés hors du mur d'octroi d'un impôt dont la quotité variable de commune à commune est, en moyenne, de 17 fr. 30 c.

J'ajoute qu'à Paris le principal de la contribution foncière n'est grevé d'aucune adjonction de centimes communaux extraordinaires, et que, dans la banlieue, il en supporte de notables. Dans la plupart des communes, en effet, la contribution foncière, comme les autres contributions directes, est frappée de 30 centimes extraordinaires. Dans plusieurs, la surcharge s'élève à 40 centimes et au delà. Or, qui ne sait que l'impôt direct est, pour la population pauvre, le plus lourd et le plus importun des impôts ? La même classe qui paye sans effort sa part des 50 millions que rapporte l'octroi, ne peut fournir son contingent dans les 7 millions qui forment l'impôt personnel et mobilier de Paris. Le trésor municipal en acquitte annuellement une portion notable.

Ces résultats prouvent assez que, loin de causer préjudice aux existences modestes dont s'est peuplée la banlieue, l'annexion tend à diminuer les charges qui les grèvent.

§ 4.

Il est une autre préoccupation qui réclame un examen sérieux. On paraît craindre qu'en perdant leur individualité, les communes suburbaines ne soient sacrifiées, et qu'entraînées dans le mouvement qui emporte l'édilité parisienne, leurs finances ne soient absorbées par des travaux dont la banlieue ne peut attendre un avantage actuel.

Un fait qui ne peut être contesté, c'est que, malgré le zèle et l'initiative intelligente des administrations locales, la plupart des services communaux de la zone
suburbaine sont incomplétement dotés. En dehors des routes impériales et départementales, la voie publique est mal pavée, souvent pas du tout. Couverte de fange
en temps d'humidité, de poussière en temps de sécheresse, elle accuse l'absence
de toute organisation régulière du balayage et surtout de l'arrosage publics. L'eau
circule sous quelques rues seulement dans des tuyaux de petit diamètre qui, après
avoir desservi des concessions particulières, ne dispensent qu'un filet avare aux
orifices d'assainissement ou d'incendie. Le gaz se montre à peine le long des
principales voies et laisse dans une obscurité dangereuse les ruelles et les impasses. Les églises les plus nécessaires ne s'élèvent que par des moyens héroïques,
ou demeurent éternellement en projet. Les écoles manquent. L'assistance publique
est aux abois.

Eh! sait-on ce qu'il en peut coûter à la Ville de Paris pour étendre aux services
des territoires annexés son régime et ses avantages?

Des calculs faits avec la plus scrupuleuse exactitude établissent que la dépense
annuelle, y compris l'intérêt des dettes que la Ville doit prendre à sa charge, ne
peut être inférieure à 12,350,000 fr. Or, les accroissements de recettes, en supposant que la plus value future de l'octroi ne laisse pas de mécompte, s'élèveront
à 12,411,571 fr., c'est-à-dire que la recette et la dépense ordinaires se balance-
ront à 60,000 fr. près, et que, pour l'exécution des travaux extraordinaires que
réclame la zone annexée, c'est avec la dotation actuelle des travaux publics de
Paris qu'on y pourvoira.

Ce n'est donc pas en vue d'ajouter aux ressources de la Ville de Paris que l'annexion est proposée. Elle n'aurait pas ce résultat. La Ville de Paris d'ailleurs n'a
nul besoin de recourir à la conquête des contribuables de la banlieue pour accomplir ses obligations. Ses finances n'ont pas d'insuffisance à couvrir. Si une objection sérieuse contre l'annexion pouvait s'élever quelque part, ce serait au sein du
Conseil municipal de Paris.

Mais ce Conseil songera que si la mesure était ajournée, le mal présent s'aggra-
verait; les constructions se multiplieraient sans règle fixe, et le dédale existant
deviendrait inextricable; la surveillance faisant défaut, au milieu de populations
mobiles, agglomérées sans lien administratif puissant, les mœurs et les idées se
pervertiraient; un danger pour l'ordre public en sortirait peut-être, et la capitale
de la France serait comme assiégée par des masses flottantes n'appartenant, à
proprement parler, ni à Paris ni à la province. Oui, il faut que la Ville de Paris,

en étendant la ferme et bienfaisante organisation de ses services sur cette zone, s'empare de l'avenir, qu'elle le règle, qu'elle écrive sur le sol, par un bon système de voirie, son unité, sa grandeur, sa force ; qu'elle assure, par une bonne police, l'ordre, la tranquillité, la prospérité à ses nouveaux et à ses futurs administrés.

§ 5.

Il reste à parler des usines de la banlieue, qui consomment la houille, et des entrepôts privés qui y sont affectés au commerce en gros des matières et des denrées assujetties dans Paris au droit d'octroi. Il n'est pas douteux que du jour où le tarif parisien leur sera appliqué, les frais de fabrication ou d'exploitation s'augmenteront. Mais la plainte serait-elle autorisée ? Le plus grand nombre de ces établissements ont été fondés ou ont changé de propriétaires depuis 1841. C'est sciemment que leurs détenteurs actuels se sont placés sous le coup d'une mesure que, dès cette époque, on pouvait prévoir comme inévitable et prochaine, soit que les avantages de la situation exceptionnelle dont ils ont voulu profiter leur aient paru assez grands pour suffire au prompt amortissement du capital qu'ils engageaient, soit qu'ils aient pensé que des relations immédiates avec un marché de capitaux et un centre de consommation tel que Paris leur permettraient de supporter éventuellement l'application du tarif de l'octroi parisien, comme le font tant d'usines et de grandes maisons de commerce qui prospèrent dans l'intérieur de la ville. N'ont-ils pas d'ailleurs calculé, et avec raison, que, dans le cas d'un déplacement, ils trouveraient, dans la plus value des terrains sur lesquels ils ont créé leurs établissements (plus value qui a dépassé toutes les suppositions), une large indemnité des frais qu'exigerait la translation hors de l'enceinte fortifiée ?

Toutefois, tous les tempéraments seront apportés dans l'exécution de l'acte du Gouvernement, aussi légitime que nécessaire, dont l'Empereur m'a prescrit d'étudier les conditions ; et afin que l'annexion ne vienne surprendre inopinément aucun intérêt privé, il sera accordé des délais, des ménagements, des facilités de tout genre, permettant aux établissements divers qui existent aujourd'hui aux abords de Paris, de s'asseoir, sans secousses, dans les conditions nouvelles, ou de chercher ailleurs, sans précipitation, un régime moins onéreux.

En résumé, Sire, la mesure de l'annexion est commandée par des motifs si élevés et si puissants, elle donne satisfaction à des intérêts généraux d'un tel ordre, que le Conseil municipal de Paris n'hésitera pas, j'en ai la ferme assurance, à donner, cette fois encore, au Gouvernement impérial, un concours entier et dévoué.

Quant aux habitants des communes suburbaines, bien éclairés sur leurs intérêts, ils appelleront de leurs vœux la réunion plutôt qu'ils n'en éprouveront de crainte.

Toutes leurs observations, d'ailleurs, seront entendues. Des enquêtes seront ouvertes dans chacun des arrondissements de Paris, dans chacune des communes ou sections de communes intéressées ; les commissions spéciales, les conseils municipaux, les conseils d'arrondissements, la Commission départementale de la Seine seront successivement convoqués pour exprimer leur avis ; et afin que, dans ce long examen, les esprits ne s'égarent pas en de fausses hypothèses et ne se laissent point abuser par des bruits malveillants, j'ai l'honneur de proposer à Votre Majesté d'arrêter les bases de la mesure par le texte même du décret à intervenir pour l'ouverture des enquêtes.

La limite extérieure de Paris enveloppera non-seulement les ouvrages dont se compose la ligne fortifiée, mais encore la zone de 250 mètres assujettie à la servitude militaire. Cette disposition est analogue à celle qui fut prise en 1789, lors de la construction du mur d'octroi. Indépendamment du chemin de ronde intérieur, large de 6 toises, on comprit dans le territoire de Paris un boulevard extérieur d'une largeur de 15 toises ; on institua, en outre, une servitude prohibitive de toute construction nouvelle dans un rayon de 50 toises ; on voulait rendre plus facile et plus sûre la surveillance de l'octroi (ordonnance du bureau des finances du 16 janvier 1789 ; décret du 6 juin 1790 ; décret du 11 janvier 1808), mais on commit la faute de ne point porter les limites de Paris jusqu'à l'extrémité de cette zone de servitude ; aussi, la prohibition ne fut point observée, et, par la concession, la connivence ou l'oubli des administrations du dehors, les maisons particulières se pressèrent de toutes parts vers Paris et ne respectèrent que l'alignement du boulevard placé sous la juridiction parisienne. La bande de terrain séparant les constructions de la ville des constructions extérieures, qui devait avoir une largeur totale de 71 toises (environ 139 mètres), fut réduite à 21 toises (un peu moins de 41 mètres). L'extension qu'il s'agit de faire aujourd'hui du territoire de Paris jusqu'à l'extrême limite de la zone militaire, en réservant à une autorité plus élevée, plus ferme, la délivrance des autorisations de construire, aura pour effet d'assurer le service de l'octroi et de venir en aide aux officiers du génie pour le maintien des servitudes défensives. La ville sera ainsi entourée d'une zone inaccessible aux constructions privées, large en tout de 370 mètres, en y comprenant les fortifications et la route militaire intérieure. Les exploitations fondées sur l'exemption des droits d'octroi se trouveront ainsi tenues à une distance assez considérable de Paris, et la reconstruction de nouveaux faubourgs extérieurs, au détriment des territoires annexés, sera rendue plus difficile.

Une carte, déposée à l'enquête, indiquera la division de la nouvelle commune de Paris. Vingt arrondissements de forme régulière, circonscrits, autant que possible, par les grandes voies publiques, comprenant chacun un nombre considérable d'habitants, partageront convenablement cette vaste surface.

Le Conseil municipal, aujourd'hui composé de trente-six membres (trois par arrondissement), comprendra naturellement soixante personnes. Il ne paraît possible, ni d'amoindrir la représentation actuelle des anciens arrondissements, ni de traiter moins favorablement les nouveaux, et, pour que les intérêts locaux des territoires annexés y aient des organes directs, deux membres au moins seront choisis dans la circonscription de chaque arrondissement.

L'extension du régime de l'octroi jusqu'à l'enceinte fortifiée aurait lieu à partir du 1er janvier 1860, un délai d'une année étant nécessaire pour l'installation du service.

Pendant cinq années, les établissements privés affectés au commerce en gros des matières et denrées soumises, dans Paris, aux droits d'octroi, dont l'existence actuelle aura été reconnue sur les territoires annexés, pourront avoir la faculté d'entrepôt à domicile, qui est en usage dans un certain nombre de villes de commerce, mais que les lois du 28 avril 1816 et du 28 juin 1833 interdisent jusqu'à présent dans Paris. Cette faculté pourra être prolongée par la Ville de Paris en faveur des commerçants en gros de vins, eaux-de-vie, bières et cidres, tels que ceux de Bercy, dont les intérêts sont par là complétement sauvegardés. Ainsi, tout négociant compris dans la catégorie déterminée recevra dans ses magasins les objets de son négoce, sans payement préalable des droits; les entrées et les sorties seront constatées chez lui, non-seulement par des inspections périodiques, mais au moyen de ses propres écritures, contrôlées par celles des agents de l'octroi, et, selon le cas, du Trésor-Public. Les droits seront perçus sur tout ce qui, n'étant point réexporté, aura passé dans la consommation intérieure.

Pendant le même délai de cinq années, les usines établies dans les communes annexées, et qui emploient la houille, ne subiront, pour cette matière première, aucune augmentation de droit.

Enfin, les contributions directes, dont le taux est déterminé à raison de la population, ne prendront aucun accroissement, pendant cinq ans, dans la zone annexée; et comme la loi organique des patentes accorde aux communes qui, par suite du recensement, passent dans une classe plus imposée, la faveur de ne subir pendant cinq années que la moitié de l'augmentation des droits fixes, les mêmes territoires jouiront encore de ce bénéfice, après l'expiration de la première période d'exemption complète de toute surtaxe.

Un mot encore. Que l'annexion des communes suburbaines à la ville de Paris doive s'effectuer tôt ou tard, personne ne le conteste : c'est une nécessité qui saisit et pénètre les esprits les moins clairvoyants. Or, l'opération sera-t-elle plus facile dans un an, dans deux ans, dans dix ans? Est-ce une de ces questions dont le temps prépare et assure la solution? Loin de là, chaque année qui s'écoule, chaque mois, chaque jour, pour ainsi dire, aggrave et complique les embarras. Des intérêts nouveaux se créent, les établissements se multiplient, la population s'accroît avec une effrayante rapidité. Elle était, en 1856, de 351,000 habitants, elle sera d'un million dans dix ans; la mesure ne sera plus possible. Pourquoi donc différer, et, par un sentiment de pusillanimité, rejeter les conseils de la prudence? C'est une faute de remettre au lendemain les mesures quand l'intérêt du pays les réclame.

Je suis, avec un profond respect,

Sire,

. De Votre Majesté,

Le très-obéissant, très-dévoué et très-fidèle
serviteur et sujet,

Le Ministre Secrétaire d'État au département de l'Intérieur,

DELANGLE.

Approuvé :

NAPOLÉON.

DÉCRET

À L'EXTENSION DES LIMITES DE PARIS.

NAPOLÉON, PAR LA GRACE DE DIEU ET LA VOLONTÉ NATIONALE, EMPEREUR DES FRANÇAIS,

A tous présents et à venir, salut.

Sur le rapport de notre Ministre Secrétaire d'État au département de l'Intérieur,

AVONS DÉCRÉTÉ ET DÉCRÉTONS CE QUI SUIT :

ART. 1er,

Il sera procédé à l'accomplissement de toutes les formalités énumérées dans le titre Ier de la loi du 18 juillet 1837, au sujet de l'extension projetée des limites de Paris jusqu'à l'enceinte fortifiée.

A cet effet, les bases de la mesure sont proposées comme il suit :

I. Les limites de Paris seront portées jusqu'à l'enceinte fortifiée.

Elles comprendront non-seulement l'ensemble des ouvrages militaires de cette enceinte, mais encore la zone de 250 mètres assujettie aux servitudes défensives, en vertu de la loi du 3 avril 1841.

En conséquence, les communes de Passy, Auteuil, Batignolles-Monceaux, Montmartre, La Chapelle, La Villette, Belleville, Charonne, Bercy, Vaugirard et Grenelle seront supprimées.

Les territoires ou portions de territoires de ces communes et des communes de Neuilly, Clichy, Saint-Ouen, Aubervilliers, Pantin, Prés-Saint-Gervais, Saint-Mandé, Bagnolet. Ivry. Gentilly, Montrouge, Vanves et Issy, compris en deçà de la ligne extrême de la zone extérieure des servitudes défensives, seront annexés à Paris.

Les portions des territoires d'Auteuil, Passy, Batignolles-Monceaux, Montmartre, La Chapelle, Charonne et Bercy qui resteront au delà de cette ligne seront réunies, savoir :

3

Celles provenant d'Auteuil et de Passy, à la commune de Boulogne ;

Celle provenant de Batignolles-Monceaux, à la commune de Clichy ;

Celle provenant de Montmartre, à la commune de Saint-Ouen;

Celle provenant de La Chapelle, partie à la commune d'Aubervilliers, partie à la commune de Saint-Denis ;

Celle provenant de Charonne, partie à la commune de Montreuil, partie à la commune de Bagnolet ;

Celle provenant de Bercy, à la commune de Charenton ;

Le tout conformément au plan A annexé au présent décret.

II. La nouvelle commune de Paris sera divisée en vingt arrondissements municipaux formant autant de cantons de justices de paix, suivant les lignes tracées sur le plan B annexé au présent décret.

III. A l'avenir, le Conseil municipal de Paris se composera de soixante membres qui seront nommés par l'Empereur conformément à la loi du 5 mai 1855.

Chacun des arrondissements devra avoir au moins deux membres du Conseil municipal appartenant à sa circonscription.

Chaque arrondissement municipal aura un maire et deux adjoints.

IV. A partir du 1er janvier 1860, le régime de l'octroi sera étendu jusqu'au mur d'escarpe de l'enceinte fortifiée.

V. Les établissements privés affectés au commerce en gros des matières et denrées soumises dans Paris aux droits d'octroi, dont l'Administration municipale aura reconnu l'existence, au 1er janvier 1859, sur les territoires annexés à Paris, seront admis à réclamer pour cinq années, à partir du 1er janvier 1860, la faculté d'entrepôt à domicile, concédée par l'art. 39 de la loi du 28 avril 1816, l'art. 9 de la loi du 28 juin 1833, et l'art. 41 de l'ordonnance royale du 9 décembre 1814, et ce, par dérogation aux dispositions des lois précitées des 28 avril 1816 et 28 juin 1833, qui exceptent Paris de cette concession.

Le Conseil municipal déterminera le minimum des quantités pour lesquelles la faculté d'entrepôt sera accordée. Il sera statué sur les demandes d'admission à l'entrepôt par le Préfet de la Seine, sur la proposition de l'administration de l'octroi, sauf recours au Ministre de l'Intérieur.

Les grands établissements consacrés au commerce en gros des vins, eaux-de-vie, bières et cidres, qui, en vertu du paragraphe premier, seront admis à l'entrepôt, pourront être autorisés à en jouir au delà de la période ci-dessus fixée, si l'Administration municipale reconnaît que la faculté dont il s'agit peut leur être continuée sans inconvénients.

VI. Ceux des établissements mentionnés ci-dessus, qui ne réclameraient pas le bénéfice de l'entrepôt à domicile, pourront être admis à jouir, pour l'acquittement des droits d'octroi constatés à leur charge, de facilités de crédit analogues à celles qui sont maintenant accordées dans Paris au commerce des bois et au commerce des huiles.

VII. Pendant le même délai de cinq ans, les usines en activité à la date du 1er janvier 1859, dans le périmètre du territoire réuni à Paris, et qui emploient la houille, ne pourront être assujetties à des droits d'octroi supérieurs à ceux qu'elles payent actuellement pour ce combustible dans leurs communes respectives.

Toutefois, les usines à gaz pourront être astreintes au payement de la totalité du droit auquel la houille est soumise à l'entrée de Paris; mais, dans ce cas, elles seront affranchies du payement de la edevance de 2 centimes par mètre cube, perçue sur le gaz consommé dans Paris, en vertu du traité passé le 23 juillet 1855, entre la Ville et la Compagnie parisienne d'éclairage et de chauffage par le gaz.

VIII. Les contributions directes dont le taux est déterminé à raison de la population continueront, pendant cinq ans, à partir du 1er janvier 1860, à être établies, d'après les tarifs actuels, dans les communes ou portions de communes annexées à Paris.

Après ce délai, l'augmentation que devront subir les droits fixes de patentes pour être portés au niveau de ceux de Paris, n'aura lieu que pour moitié, et ne sera complétée qu'après une seconde période de cinq années, ainsi que l'art. 5 de la loi du 25 avril 1844 l'a réglé pour les communes passant d'une catégorie dans une autre.

IX. Les dettes des communes supprimées, qui ne seraient pas couvertes par l'actif et les ressources propres à ces communes, au moment de leur suppression, seront acquittées par la Ville de Paris.

A l'égard des communes dont une partie seulement est annexée à Paris, un décret réglera le partage de leur dette et de leur actif mobilier et immobilier.

Toutefois la propriété des édifices et autres immeubles servant à usage public suivra de plein droit l'attribution des territoires sur lesquels ils sont situés.

Art. 2.

Des enquêtes seront ouvertes le 13 février présent mois dans chacun des arrondissements de Paris et dans chacune des communes ou sections de communes intéressées; elles dureront quinze jours et seront closes le 27 février au soir.

Pendant ce délai, un registre recevra dans chaque mairie les dires des intéressés. On y annexera les observations écrites qui seraient déposées. Ce registre, qui sera arrêté par le commissaire-enquêteur, sera par lui remis au maire, avec son avis, dans un délai de trois jours.

Art. 3.

Lorsque des portions de territoires à distraire d'une commune comprendront des groupes de population notables, une commission syndicale, composée de sept membres désignés par le Préfet, sera appelée à émettre son avis.

Elle se réunira le 3 mars prochain, et son travail sera terminé dans un délai de trois jours.

Art. 4.

Les conseils municipaux des communes intéressées s'assembleront le 7 mars en session extraordinaire, avec l'adjonction des plus imposés, pour délibérer sur les résultats de l'enquête.

Cette session ne pourra durer plus de cinq jours.

Art. 5.

Les conseils d'arrondissements de Saint-Denis et de Sceaux seront convoqués également en une session extraordinaire de cinq jours, qui s'ouvrira le 14 mars.

Art. 6.

Les registres d'enquête, l'avis des commissaires-enquêteurs, celui des commissions syndicales, des conseils municipaux et des conseils d'arrondissements, seront soumis à la Commission départementale de la Seine, convoquée spécialement en une session extraordinaire de huit jours, qui sera ouverte le 21 mars.

Art. 7.

. Notre Ministre Secrétaire d'État au département de l'Intérieur est chargé de l'exécution du présent décret.

Fait au Palais des Tuileries, le 9 février 1859.

NAPOLÉON.

Par l'Empereur :

Le Ministre Secrétaire d'État au département de l'Intérieur.

DELANGLE.

MÉMOIRE

PRÉSENTÉ PAR

LE SÉNATEUR PRÉFET DE LA SEINE

AU

CONSEIL MUNICIPAL

(11 MARS 1859).

MESSIEURS,

J'ai l'honneur de vous soumettre, avec tous les éléments du projet d'extension des limites de Paris, les résultats des enquêtes faites sur ce projet dans les douze arrondissements actuels de la ville, en exécution du décret de l'Empereur du 9 février dernier.

La mesure sur laquelle le Conseil municipal a maintenant à se prononcer, sera un des faits caractéristiques de notre temps. En effet, la capitale de tout grand empire représente fidèlement, par ses alternatives de grandeur et de décroissance, les vicissitudes de la nation qui l'a formée.

Qu'une ville, fondée, comme l'antique Lutèce, sur un sol riche en matériaux divers, au confluent de deux rivières arrosant des vallées fertiles et formant par leur réunion une voie fluviale importante, devienne le séjour permanent des chefs d'un peuple actif autant que brave, industrieux autant que spirituel, cette ville grandira, par une conséquence inévitable, non-seulement en proportion des accroissements du territoire et de la population dont elle sera le centre, mais encore et surtout en proportion de la force du lien qui unira toutes les parties de ce territoire, tous les groupes de cette population.

Si une administration intelligente et ferme y garantit la sécurité individuelle, y rend la vie commode et y facilite les communications avec les régions les plus lointaines; si le génie des souverains y excite l'essor des lettres, des sciences et des arts, y élève des monuments tout à la fois utiles et magnifiques, y crée, en un mot, de puissants attraits pour tous les esprits cultivés, son accroissement continuera sans cesse. L'accumulation des habitants fera d'ailleurs naître mille industries, et commandera, chaque jour, dans l'état matériel de la ville, dans sa police, dans l'organisation de ses services municipaux, des améliorations nouvelles, qui en rendront le séjour plus désirable. Ainsi, la multitude appellera la multitude, et le développement progressif ne s'arrêtera que lorsque la nation cessera de croître elle-même en autorité, en civilisation et en richesse.

Il y a sans doute un rapport nécessaire, dont il faut souhaiter le maintien, entre la population de la capitale et celle des autres parties d'un grand empire. Un bon gouvernement, attentif aux besoins des provinces, et particulièrement aux intérêts spéciaux de l'agriculture, peut quelque chose pour maintenir ce salutaire équilibre. Mais le développement d'une ville tient d'ordinaire à un concours de circonstances qui échappe à toute prévision, à tout calcul, et que, le plus souvent, aucune volonté humaine ne dirige.

I.

L'histoire des agrandissements de Paris, que l'on confond trop souvent avec celle des enceintes de cette ville, mettrait aisément en lumière la loi qui préside à la formation des grandes cités. Mais, ici, une telle étude ne serait pas à sa place. Il suffit, d'ailleurs, au but que je me propose, de retracer sommairement les faits saillants de cette histoire intéressante à tant de titres.

Déjà, sous la première race, Paris projetait, sur l'une et l'autre rive de la Seine, des groupes de maisons, des établissements religieux, des enclos, comme autant de faubourgs naissants. Mais on le voit s'arrêter dans son essor, et rentrer, pour ainsi dire, dans son île natale, lorsque, délaissé par les rois germains de la seconde race, il subit, sans secours, les terribles invasions des pirates normands, le siége de ses murs, la dévastation de ses campagnes. Plus d'un siècle s'écoula ensuite, sous le régime de la division féodale du territoire, avant que Paris, malgré l'avénement des rois de la troisième race, ne prît une importance véritable. C'est lorsque la royauté et la nation commencèrent à se constituer réellement, lorsque des princes, suzerains victorieux et puissants, délivrés de redoutables vassaux par les croisades, protecteurs des communes, fondateurs de la justice, administrateurs éclairés, pour leur temps, étendirent un pouvoir effectif sur une notable partie du sol français, que leur séjour devint une capitale proprement dite.

Deux hommes supérieurs, Philippe-Auguste et Saint Louis, personnifient cette première époque de prospérité.

Philippe-Auguste, partant à regret pour la Terre-Sainte, songea à mettre en sûreté, par des remparts, les principales villes du royaume, et d'abord, Paris. L'enceinte qu'il fit construire, avec le concours des magistrats parisiens, était plus vaste que la ville ; elle enveloppait non-seulement les habitations groupées autour de quelques couvents, et les maisons qui formaient un commencement de faubourg le long de chaque route principale, mais encore des prés sur les rives du fleuve, des vignes sur les coteaux, des enclos, des terrains en culture.

Sous le règne de Saint Louis, et pendant la fin du xiii⁰ siècle et le commencement du xiv⁰, l'enceinte se peupla avec une grande rapidité. Sur la rive gauche, des communautés religieuses savantes et des écoles accréditées par des professeurs illustres rassemblèrent tout un peuple d'étudiants ; sur la rive droite, un commerce actif, une industrie déjà pleine de goût et d'art, rendirent Paris l'émule des villes florissantes de l'Italie.

Dès le temps de Philippe le Bel, quatre-vingts ans après l'achèvement de l'enceinte de Philippe-Auguste, les maisons avaient franchi la muraille, s'y étaient adossées, avaient envahi les champs voisins, surtout au nord, à l'est, et sur les bords du fleuve (1). Des calculs, basés sur un recensement des contribuables de cette époque, ont fait évaluer à 300 le nombre des rues, et à plus de 200,000 celui des habitants existant alors dans Paris (2), qui comptait d'ailleurs beaucoup de riches marchands, de banquiers, de changeurs, de prêteurs sur gages, désignés sous le nom générique de *Lombards*, à cause de l'origine italienne des premiers, et de juifs exerçant les mêmes professions, auxiliaires de transactions multipliées.

Une organisation municipale améliorée, le guet institué, le pavage des principales rues, des règlements relatifs à l'exercice des professions industrielles, les

---

(1) Géraud, *Paris sous Philippe le Bel*, d'après des documents originaux, et notamment d'après un manuscrit contenant le rôle de la taille imposée sur les habitants de Paris, en 1292.

(2) Id. — 472, 173 et suiv.

merveilles de l'architecture gothique, l'éclat des écoles publiques, tout contribuait à augmenter le nombre des habitants et à grandir la ville.

Dans le cours du xive siècle, cette splendeur s'évanouit. La guerre de cent ans commença, et, du même coup, la guerre civile. Paris eut à supporter une grande part des malheurs de la France. L'enceinte construite durant cette période désastreuse, plus étendue au nord que la précédente, parce qu'elle devait embrasser et défendre les constructions faites depuis le commencement du xiiie siècle, ne marqua point une phase de développement. Tout au contraire, l'émeute, la famine et la peste ravagèrent la ville fortifiée ; la population s'enfuit ou périt ; les maisons désertes tombèrent en ruines; l'herbe poussa dans les rues ; l'étranger régna enfin dans Paris.

De tels désastres ne se réparent que lentement, même avec le secours de la Providence. Si l'on rapproche deux plans anciens de Paris, l'un, dressé par l'érudition moderne la plus consciencieuse, pour l'année 1292 (1), l'autre, dessiné vers 1530, par un contemporain (2), on est frappé de voir combien il y a peu de différence de l'un à l'autre, combien l'accroissement de Paris avait été peu considérable en plus de deux siècles et demi.

Mais bientôt, et surtout lorsque Henri IV eut mis un terme à de nouvelles guerres intestines, la capitale de la France reprit un rapide développement. L'enceinte, partiellement agrandie à trois reprises depuis le commencement du xvie siècle, ne put suffire aux nouveaux Parisiens. Louis XIV la fit disparaître et entoura la ville de boulevards.

A la fin du siècle dernier, des faubourgs s'étendaient déjà dans tous les sens, au delà de ces limites officielles, et il devint nécessaire d'en tracer d'autres. En 1784, des raisons financières, sur lesquelles je reviendrai tout à l'heure, firent adopter de nouveau un système de clôture continue.

On se tromperait étrangement si l'on supposait que l'extension successive des limites de Paris eût été recherchée à aucune époque, soit par les rois, soit par les magistrats de la cité, comme un résultat désirable. Loin de l'appeler de leurs vœux, ils l'ont toujours subie comme une nécessité, et n'ont rien épargné pour la modérer. Chose étrange ! En même temps qu'une sage et vigoureuse administration de Paris, le perfectionnement de sa police intérieure, la construction dans son sein de monuments admirables, la prospérité de son industrie et de son commerce, crois-

---

(1) *Plan de la ville de Paris sous Philippe le Bel*, dressé par ALBERT LENOIR, d'après le travail de GÉRAUD.

(2) *Plan de G. Braun*, reproduit par DUCERCEAU, vers 1500.

sant avec la puissance publique et la grandeur de l'État, contribuaient à grossir la capitale et à faire refluer sa population jusqu'au dehors de son enceinte, les souverains, d'accord avec la municipalité, s'efforçaient, mais en vain, de contenir ce mouvement progressif !

Il serait trop long d'analyser et même de citer tous les documents qui révèlent cette disposition constante de l'autorité publique, et dont la multiplicité même accuse l'impuissance.

Parmi les moins anciens, un édit de novembre 1549 avait interdit de bâtir au delà du bornage de la ville; mais la défense était restée sans effet, car une ordonnance du 15 janvier 1638 prescrivit aux Trésoriers de France de poser de nouvelles bornes autour de la ville et des faubourgs, et défendit de construire ou de réparer aucune maison en dehors de ce périmètre, sans la permission du Roi, donnée pardevant le Prévôt de Paris, le Prévôt des Marchands et les Échevins appelés. On n'en tint nul compte.

Une semblable ordonnance, rendue le 26 avril 1672, ne fut pas mieux observée.

Comme ces interdictions ne s'appliquaient pas à une bande de territoire, à une zone déterminée, il était très-difficile qu'elles fussent efficaces. D'ailleurs, par une sorte d'inconséquence, tandis qu'on semblait redouter l'accroissement de la population à Paris, on y avait successivement établi un système de contributions de nature à y appeler de nouveaux habitants (1). Le territoire et les dépendances de la ville étaient affranchis de la taille, impôt direct assis, d'une part, sur la propriété foncière, et d'autre part, sur le revenu présumé du contribuable (2), dont le mode de perception aggravait le poids. On payait à Paris, sous le nom d'aides, une contribution indirecte résultant de la réunion d'anciennes impositions très-diverses, et consistant en droits d'entrée ou de vente établis sur un certain nombre d'objets, et particulièrement sur les boissons. On acquittait, en outre, sous la même forme, des droits d'octroi, créés depuis 1551, et accrus par plusieurs actes de date postérieure, pour subvenir aux dépenses de la Ville et au revenu des hospices.

La charge totale, pour chaque contribuable parisien, était fort considérable, supérieure à celle de la plupart des contribuables sujets à la taille (3); mais la

---

(1) DELAMARE. — Traité de la Police, 1, 79, 86.

(2) DE PARIEU. — Histoire des impôts généraux sur la propriété et le revenu, p. 261, note 1.

(3) La totalité des impôts, tant manuels que pécuniaires, supportés par la France, avant la révolution, est évaluée à 880,000.000 de livres (BAILLY, Histoire financière de la France. II, 265), ce qui formait, pour chacun des 24,800,000 habi-

4

forme indirecte de la perception la rendait plus égale, plus divisée, moins vexatoire.

Seulement, l'extension des faubourgs, par l'addition de nouvelles constructions à celles dont l'agglomération constituait Paris, rendait difficile le recouvrement de l'impôt et multipliait la fraude.

Une sorte d'enceinte fiscale avait été tracée autour de la ville, comme on le voit par les dispositions des ordonnances de 1638 et de 1672. Des clôtures ou barrières, au nombre de 58, avaient été placées à l'entrée des voies publiques pénétrant dans Paris (1), et décrivaient ensemble un assez grand périmètre, dont on aura une idée approximative si l'on dirige, sur la rive droite, une ligne partant du pont de l'Alma, coupant l'avenue des Champs-Élysées au point où aboutit la rue de Chaillot, comprenant une partie du faubourg Saint-Honoré, suivant les rues de la Pépinière, Saint-Lazare, Lamartine, Montholon, remontant la rue du Faubourg-Poissonnière jusqu'aux environs de la barrière actuelle, traversant le faubourg Saint-Denis, le faubourg Saint-Martin, longeant la rue des Écluses, la rue Saint-Maur, la rue des Amandiers, le boulevard extérieur, puis, rentrant dans Paris pour descendre à la Seine, entre les ponts d'Austerlitz et de Bercy, par un contour à peu près parallèle à celui que décrit aujourd'hui le mur d'enceinte, et si l'on continue cette ligne, sur la rive gauche, par les boulevards de l'Hôpital et des Gobelins, les rues du Champ-de-l'Alouette, du Petit-Champ, de la Glacière, de Lourcine, Méchain, au nord de l'Observatoire, enfin, par les boulevards du Mont-Parnasse et des Invalides, et par la limite orientale de l'Esplanade, jusqu'à la Seine.

Pour tout consommateur placé à l'intérieur de cette enceinte fictive, les droits de vente en gros et en détail étaient confondus, depuis 1719, avec le droit d'entrée (2); seulement une surtaxe, légère pour la plupart des articles, frappait les denrées destinées au commerce (3). Les habitations, considérées comme dépen-

---

tants, un contingent moyen de 35 livres 9 sols, environ. Or, Paris payait 34 millions de livres, sous forme de droits d'entrée et d'octroi, non compris les frais de régie, ce qui donne pour chaque individu une moyenne de 56 livres 13 sols, en supposant une population de 600,000 habitants (*Statistique de France*) ou de 50 livres 15 sols, en admettant une population de 670,000 âmes (*Procès-verbaux de l'Assemblée-Nationale, XLVI, Rapport sur les Taxes*, 2). En outre, les Parisiens étaient grevés de divers autres impôts jusqu'à concurrence de 6 à 7 millions de livres (MATHON DE LA COUR, *Collection de comptes rendus concernant les Finances de France*, 188, 222).

(1) LEDOUX, *Propylées de Paris*, deux cartes manuscrites.

(2) LEFEBVRE DE LA BELLANDE, *Traité général du droit d'aides*, 2.

(3) Id., 11.

dantes de Paris, qui étaient situées en dehors de la ligne de perception, payaient distinctement des droits d'entrée et des droits de vente, dont le produit se recueillait au moyen de l'exercice ; le tarif en était de quelque peu inférieur à celui des droits perçus dans la ville proprement dite (1).

Il résulte des procès-verbaux de l'Assemblée-Constituante, que la contribution des aides payée à Paris, en 1791, produisait au Trésor-Public un revenu de 28 millions, défalcation faite des frais de perception, et que l'octroi donnait 6 millions à la Ville et aux hôpitaux (2).

Malgré les barrières et la simplification de l'assiette des droits, la fraude était assez facile à l'intérieur, puisque les clôtures n'étaient rattachées entre elles que par une ligne imaginaire passant à travers champs ou au milieu des maisons. Mais c'était surtout dans la zone extérieure que la fraude, encore excitée par l'importunité de l'exercice, était fréquemment et fructueusement pratiquée. Aussi, était-il interdit d'établir des dépôts de vins aux abords de Paris jusqu'à la distance de trois lieues à partir de l'extrémité des faubourgs (3).

Pour supprimer la contrebande et augmenter le produit total de la perception, l'autorisation fut donnée, en 1784, aux fermiers généraux, de construire un mur embrassant, dans son vaste pourtour, non-seulement la partie de la ville comprise dans le périmètre qui vient d'être décrit, mais presque toute la surface extérieure dépendant de Paris.

Sur quelques points même, un certain nombre de propriétés non soumises aux aides, mais à la taille, furent déclassées et enfermées dans Paris (4). En revanche, le mur, pour ne point suivre une direction trop irrégulière, laissa, en dehors, des constructions et des terrains assez nombreux, qui continuèrent à faire partie de Paris au point de vue fiscal, et à subir l'exercice.

On peut indiquer, comme étant alors dans ce cas, les parties des communes de La Chapelle et de La Villette, comprises entre les rues des Poissonniers, Marcadet, de La Chapelle, du Havre, la route d'Allemagne et la rue de Meaux ; une portion de Saint-Mandé ; Bercy, jusqu'à la rue Grange-aux-Merciers ; presque tout le territoire des communes d'Ivry et de Gentilly, qu'embrassent aujourd'hui les fortifi-

---

(1) LEFEBVRE DE LA BELLANDE, Traité général du droit d'aides, 40.

(2) Proces-verbaux de l'Assemblée-Nationale, XLVI, 11.

(3) LEFEBVRE DE LA BELLANDE, Traité général du droit d'aides, 47. Ordonnance de 1680, IV, art. 1. Déclaration du 17 février 1688.

(4) LEDOUX, Propylées de Paris (1re carte).

cations ; Montrouge et Vaugirard, jusqu'aux rues des Bœufs et de la Procession ; la partie de Grenelle circonscrite par la Seine, un ancien chemin d'Issy et le chemin du Moulin-de-Javel (1).

Ainsi, pour le dire en passant, et sans attacher à cette remarque d'autre importance, l'extension de Paris jusqu'aux fortifications ne fera guère que rendre à la ville des territoires qui, avant 1784, en étaient regardés comme parties intégrantes, précisément pour l'acquittement des droits d'octroi.

L'enceinte, presque achevée lorsque la révolution éclata, devint bientôt inutile. Le 19 février 1791, l'Assemblée-Constituante supprima les droits d'entrée et d'octroi, par un vote d'entraînement, et contre l'avis de ses membres les plus savants et les plus expérimentés en matière de finances (2).

A tous les maux auxquels Paris fut en proie pendant les années qui suivirent, s'ajouta la ruine des finances municipales. La part du produit des contributions directes, qui fut allouée à la Commune, sous forme de sous pour livre, et ensuite de subvention du Trésor-Public, pesa lourdement sur les contribuables, sans pouvoir suffire aux dépenses. En 1793, les dettes que la Commune ne pouvait payer étaient portées au compte de la République (3). En 1796, les dépenses annuelles de Paris étaient mises à la charge de l'État, qui devait y pourvoir par une subvention décadaire (4). Dès l'an V, on fut contraint d'admettre en principe le rétablissement éventuel des contributions indirectes locales (5). Chaque jour, on était conduit à mettre en lumière l'insuffisance des subventions du Trésor-Public, l'excès des impôts directs de toute espèce, qui grevaient alors le département de la Seine et Paris, l'abandon des services municipaux par défaut de ressources, l'éclairage des rues et l'enlèvement des boues interrompus, le pavé défoncé et sans réparation, la police mal faite, les hôpitaux aux abois, les secours à domicile ajournés, les traitements des employés, les salaires des ouvriers de la Ville impayés (6). On trouve constaté dans l'un des documents qui contiennent l'exposé de cette situation déplorable, qu'à un moment d'extrême détresse de la

---

(1) LEDOUX, *Propylées de Paris* (1ʳᵉ carte).

(2) Le Comité, qui proposait seulement de modérer et de régulariser cette contribution, était composé de MM. DE LA ROCHE-FOUCAULT, DAUCHY, D'ALLARDE, RŒDERER, DEFERMON, et DUPONT DU NEMOURS.

(3) *Rapport* du citoyen SCIPION DUROURE, officier municipal, à *la Commune*.

(4) *Décret du 24 août 1793. Décret du 29 nivôse an V.*

(5) *Loi du 9 germinal an V.*

(6) *Rapport du citoyen* LEBRETON, *adm. du Départ.*, distribué au Corps-Législatif, 28 thermidor an V. — *Rapport du citoyen* AUBERT *au Conseil des Cinq-Cents*, 2 fructidor an VI.

Commune, les balayeurs étaient ses créanciers pour une somme de 16,000 fr. qu'ils n'en pouvaient obtenir !

On finit par conclure au rétablissement de l'octroi, comme « la plus simple, la « moins onéreuse au contribuable, la plus productive de toutes les contributions « indirectes, la plus compatible avec la liberté... »

Le député Aubert, auquel j'emprunte ces paroles, représentait la contribution directe comme pleine de rigueur dans le mode de perception, tandis qu'en matière d'octroi, disait-il, « le contribuable ne voit jamais la main du percep- « teur, ni l'œil menaçant de son recors;..... il ne paye qu'en consommant et « ne consomme qu'à mesure qu'il reçoit ses revenus ou ses salaires. » — « Le « citoyen qui vit de ses salaires, ajoutait-il, est d'ailleurs toujours payé par « un tiers; c'est donc celui qui le paye qui supporte, en définitive, le « droit d'octroi. »

En septembre 1798 (27 vendémiaire an VII), l'octroi fut rétabli, et, en même temps, l'ordre et la prospérité reparurent dans les finances municipales. L'enceinte de Paris, réparée et complétée, assura facilement la perception.

La ville s'était dépeuplée pendant la tourmente révolutionnaire. Non-seulement les champs, les marais en culture, les terrains vagues qu'avait renfermés l'enceinte, ne s'étaient point couverts de constructions, mais beaucoup d'habitations anciennes n'étaient plus qu'incomplétement occupées. En 1789, on comptait à Paris au moins 600,000 habitants ; le recensement de 1800 n'en accusait plus que 547,000.

Cependant, le puissant génie qui prenait alors en main les destinées de la France, faisait déjà ressentir à la capitale les effets de son gouvernement. Bientôt, organisation, administration, ordre financier, cultes, instruction publique, hospices, voirie, tout fut renouvelé, s'améliora, et reçut un nouveau ressort et une impulsion merveilleuse. D'immenses et magnifiques travaux furent entrepris; la ville changea de face et marcha encore une fois dans une période de développement.

Ainsi, jusqu'à nos jours, les agrandissements successifs de Paris se rattachent aux noms des cinq plus glorieux souverains qu'ait eus la France, une fois constituée : Philippe-Auguste, Saint Louis, Henri IV, Louis XIV et Napoléon Ier. Hormis Philippe-Auguste, aucun n'est, à proprement parler, l'auteur d'une enceinte de la ville; mais tous y ont attiré la population par l'excellence de leur gouvernement, par la sagesse de leur administration, par la splendeur de leurs travaux, et surtout par la sécurité dont on a joui sous leurs règnes.

II.

Nous sommes témoins, Messieurs, d'un nouvel et immense progrès. Depuis 1841, une dernière enceinte, créée pour le besoin de la défense nationale, environnait, avec des faubourgs, de vastes cultures, et Paris s'y développait lentement. Les désastres de 1848 avaient un moment désolé la capitale; mais une main puissante, en donnant à la France la paix publique, la prospérité et la gloire, a du même coup, et comme par un effet involontaire, agrandi la ville dont le sort est plus étroitement lié à celui de la nation.

Cette fois encore, le souverain, qui, par sa sagesse et la grandeur de son Gouvernement, attirait les populations autour du siége du Pouvoir, aurait voulu en modérer au moins l'affluence. Divers actes et publications officielles montrent, d'ailleurs, que le désir d'épargner le plus longtemps possible, aux habitants de la zone suburbaine, les charges plus ou moins réelles qui résulteront pour eux d'un déplacement des limites de la ville, a fait ajourner cette mesure tant qu'elle n'a pas été commandée par des nécessités de premier ordre. Mais, depuis quelques années, sous l'influence de causes irrésistibles, et principalement de la rapide exécution des chemins de fer, qui ont rendu Paris facilement accessible à tous les points de la France et de l'étranger, l'accroissement de la population de cette ville et de sa banlieue a pris des proportions inouïes.

En 1851, l'enceinte fortifiée ne renfermait que 1,264,309 habitants. Le même nombre y existait déjà en 1846. La révolution de 1848 explique suffisamment ce temps d'arrêt. En 1856, la population de Paris et de ses faubourgs extérieurs s'est trouvée être de 1,525,942 habitants. Elle est aujourd'hui, selon toute probabilité, d'environ *dix-sept cent mille*.

En jetant les yeux sur une carte de Paris fortifié, si l'on supprime un instant, par la pensée, le mur d'octroi, on ne voit plus marquée la limite actuelle de la ville, que par une promenade plantée affectant la direction circulaire, bordée de maisons, d'un côté et de l'autre, dans presque toutes ses parties, et reproduisant l'aspect offert, il n'y a pas encore beaucoup d'années, par cette ligne des boulevards intérieurs de Paris, qui est aujourd'hui, non-seulement l'artère principale de la ville, mais encore le rendez-vous du monde entier et le théâtre d'une prodigieuse activité de mouvement et d'affaires. Paris et les communes suburbaines n'apparaissent que comme une seule masse de constructions, dont le périmètre onduleux s'approche ou s'éloigne de l'enceinte fortifiée, selon la densité plus ou moins grande de la population. Les agglomérations formées par les communes suburbaines représentent assez bien ce qu'étaient encore, il y a vingt ou trente ans, les faubourgs situés au delà de la ligne des boulevards intérieurs. L'ensemble est l'image, non de plusieurs communes voisines, mais d'une ville unique, capitale d'un grand empire, grossie d'âge en âge par le développement de son importance et de sa prospérité, et par l'affluence croissante des populations que cette importance et cette prospérité y attirent incessamment.

Par ordre de l'Empereur, M. le Ministre de l'Intérieur a exposé, dans un rapport à Sa Majesté, qui a été publié en même temps que le décret du 9 février dernier, les conséquences de cet accroissement de la population parisienne, dont la limite est loin d'être atteinte, et les dispositions que l'état des choses commande à la sollicitude et à la prévoyance du Gouvernement.

Il n'est pas admissible que la capitale de la France soit composée d'une partie centrale administrée avec unité et fermeté, soumise à un certain régime financier, qui assure convenablement ses services municipaux, ouverte et reliée par un bon système de voies publiques, protégée par une police vigilante, et d'une zone extérieure, fractionnée légalement en 18 communes ou portions de communes, abandonnées à autant de faibles administrations locales, divisées par 18 péages aussi divers qu'insuffisants, sans communications bien entendues, sans surveillance efficace. Ce n'est pas le nom de Paris, mais celui de Babel qu'il faudrait donner à un pareil assemblage.

D'ailleurs, les difficultés d'un changement quelconque ne peuvent que s'accroître avec le temps, et dès lors, il est sage de hâter l'adoption des mesures reconnues indispensables.

En approuvant cette conclusion du rapport de M. le Ministre de l'Intérieur, S. M. l'Empereur a posé, dans le décret du 9 février, les bases de l'annexion de la zone suburbaine à Paris.

L'instruction du projet, qui se poursuit, comprend trois phases principales :

Durant la première, qui est accomplie maintenant, les observations individuelles ont été recueillies dans les douze arrondissements de Paris et dans les communes ou portions de communes intéressées. Les commissaires-enquêteurs en ont analysé et discuté les résultats ;

La seconde, où nous sommes entrés, est réservée aux délibérations qui doivent être prises, dans chaque commune intéressée, soit par les commissions syndicales chargées de représenter certains groupes distincts de population, soit par les conseils municipaux, assistés, hors Paris, des contribuables les plus imposés;

Dans la troisième, se produiront les avis des conseils d'arrondissements de Saint-Denis et de Sceaux et celui de la Commission départementale de la Seine.

Vous avez donc, Messieurs, à exprimer deux fois votre sentiment : d'abord, comme membres du Conseil municipal de Paris, sur ce qui, dans la mesure proposée, concerne exclusivement cette commune; ensuite, comme membres de la Commission départementale de la Seine, sur l'ensemble et les détails de l'opération.

Aujourd'hui, vous êtes assemblés seulement en qualité de conseillers municipaux; vous êtes appelés à vous prononcer sur le projet, en vous plaçant au point de vue spécial des intérêts de la commune actuelle de Paris, et en ajournant à la session de la Commission départementale, fixée au 21 du présent mois, toutes les considérations d'un autre ordre.

Outre que cette distinction est rigoureusement conforme et à la nature des choses et aux termes du décret du 9 février, elle offre encore l'avantage d'écarter de vos délibérations toute confusion, de restreindre votre premier examen à un point déterminé, qui est naturellement, à vos yeux, d'importance capitale, et par la solution que vous y donnerez, de dégager les autres questions, très-importantes aussi, dont vous serez saisis ultérieurement dans la Commission départementale, de tout ce que votre sollicitude municipale y pourrait mêler.

Pour le présent, deux sortes d'intérêts ont droit à votre attention : en premier lieu, l'intérêt collectif de la Ville de Paris, dont vous êtes les organes légaux; en second lieu, les intérêts privés qui ont formulé quelques réclamations dans l'enquête, ou qui vous paraîtraient devoir être lésés par la mesure projetée

III.

On n'a pas craint de dire que l'extension de l'octroi jusqu'aux fortifications avait été conçue dans l'intérêt de la Ville de Paris; qu'on voulait, par ce moyen, lui donner de nouveaux contribuables, et, partant, de nouveaux revenus, pour combler les insuffisances de ses ressources actuelles, en présence des énormes dépenses dont les travaux publics grèvent chaque année son budget.

Il n'est pas d'erreur plus profonde et plus capitale.

La Ville de Paris est sans doute engagée dans de grandes et dispendieuses entreprises ; mais ses finances prospères lui permettent d'en porter le fardeau sans fléchir. Les intérêts et les autres charges annuelles de la dette municipale régulièrement couverts, les services ordinaires et permanents largement pourvus, elle peut consacrer tous les ans 29 ou 30 millions à des dépenses extraordinaires. 5,471,575 fr. sont affectés, pour 1859, à l'amortissement de la dette municipale, en exécution des contrats d'emprunt, et 23,538,495 fr. 15 c. sont répartis entre les diverses catégories de grands travaux. Les opérations de voirie qui font l'objet de la loi du 19 mai 1858, entraîneront, il est vrai, une dépense nette qui peut s'élever à 180 millions, et à laquelle l'État ne doit contribuer que pour 50 ; mais la Ville a dix années pour s'acquitter des 130 millions de surplus. Ce n'est donc qu'une charge annuelle de 13 millions, en moyenne, qui lui est imposée, et il lui reste 11 millions au moins par an pour faire face aux améliorations de la voie publique non comprises dans son traité avec l'État, aux grands travaux des édifices religieux, des établissements d'instruction publique ou d'assistance, à l'extension de la distribution des eaux et du réseau des égouts, et à ses autres dépenses extraordinaires de toute nature. Enfin, un boni de plus de 16 millions, produit par les excédants des recettes sur les dépenses des derniers exercices, lui composent une réserve pour les cas imprévus.

La prudence vigilante que l'Administration de la Ville sait allier, j'ose le dire, à une action résolue, n'est pas étrangère à cette excellente situation, que le contrôle incessant de vos lumières et de votre sagesse maintiendrait à coup sûr, si jamais elle pouvait être mise en péril, et dont la rigoureuse exactitude est garantie par les vérifications les plus solennelles. D'ailleurs, l'exposé de l'état des finances municipales est placé, chaque année, dans tous ses détails, sous les yeux du public, avec une patiente et loyale franchise, qui n'a peut-être pas toujours suffi à désarmer des préventions anciennes, mais qui a dû rendre évident, pour tous les esprits impartiaux, que les efforts demandés jusqu'à présent à la Ville ne dépassent point une juste mesure, que ses finances n'ont point d'insuffisances à couvrir, et qu'elle n'a nul besoin de recourir à la conquête de nouveaux contribuables, pour rester à la hauteur de ses obligations actuelles.

Fallût-il, par hypothèse, augmenter les revenus de Paris, l'accession des communes suburbaines serait un bien mauvais moyen d'y réussir. Un aperçu approximatif des sommes qui, par suite de la mesure, viendront s'ajouter, soit aux dépenses, soit aux recettes de la Ville, vous permettra d'en juger.

Il n'est guère possible maintenant de dresser en détail un budget de Paris étendu jusqu'aux fortifications. Il faut attendre que les agents de la Ville aient qualité pour recueillir, dans la zone suburbaine, des renseignements précis sur les nécessités de chaque service municipal ; d'ailleurs, pendant les premiers temps qui suivront l'annexion des nouveaux territoires, le budget recevra, d'une année à l'autre, des modifications considérables, par les rectifications en plus ou en moins, mais très-probablement en plus, que les faits apporteront inévitablement aux évaluations premières des dépenses. Mais on peut, dès à présent, fonder un ensemble de prévisions sur des bases raisonnables, et arriver ainsi à un résultat général approximatif.

Le premier point à constater, c'est que tous les services publics laissent beaucoup à désirer dans la banlieue, et que les dépenses qu'ils exigent aujourd'hui n'ont rien de comparable à celles qu'ils exigeront dès leur entrée dans le régime parisien.

Le plus important de tous les besoins moraux des populations, le culte, n'obtient aujourd'hui, dans l'ensemble des communes ou portions de communes comprises dans la zone suburbaine, qu'une dotation totale ordinaire de 21,400 fr. (1). Lorsqu'il s'agit de fonder une église nouvelle, ou d'entreprendre quelque travail extraordinaire du même genre, les communes s'imposent des sacrifices exceptionnels ou des emprunts, et réclament, en même temps, le concours du Département et de l'État. Le budget de Paris pour 1859 consacre au culte des crédits s'élevant ensemble à 2,228,000 fr. Les dépenses annuelles, y compris l'entretien des édifices religieux existants, figurent dans ce chiffre pour 228,000 fr. ; les dépenses d'amélioration des mêmes édifices, pour 1 million, et l'achat et la construction d'édifices nouveaux, pour pareille somme. Des 19 églises de la banlieue renfermées dans l'enceinte des fortifications, la moitié ne sont que des chapelles provisoires. Presque toutes sont insuffisantes. J'ai fait relever la capacité de chacune d'elles : 18,900 personnes seulement y peuvent trouver place à la fois ; c'est moins du dix-huitième de la population à l'usage de laquelle elles sont destinées. Les 46 églises de Paris peuvent contenir ensemble 144,500 fidèles, soit un huitième de la population. Quoique, dans celles-ci, le service divin soit célébré un assez grand nombre de fois le dimanche, et que

---

(1) Ce chiffre résulte du dépouillement des budgets communaux de 1859.

l'assistance puisse se renouveler souvent, on est en droit de dire qu'il faut élever quelques édifices de plus, afin que, surtout les grands jours de fête, toutes les personnes pieuses puissent trouver place dans l'église, à l'heure qui leur convient le mieux. C'est pour cette cause que l'on a récemment augmenté le nombre des paroisses. Mais, que dire alors de l'insuffisance des églises suburbaines, qui n'ont point un nombre de prêtres aussi considérable que celles de Paris, et qui, relativement, ne peuvent contenir que deux fois et demie moins d'assistants ?

Pour toute personne qui met au nombre des principaux devoirs de l'Administration publique la satisfaction des sentiments religieux des populations, un tel état de choses est intolérable.

L'instruction publique pourrait être l'objet d'une comparaison moins saisissante, mais, au fond, analogue.

Les communes à réunir sont bien loin d'avoir pourvu à l'assistance publique, dans la même proportion que Paris, et pourtant, si leur population totale n'atteint encore que le tiers de la population parisienne, elle contient peut-être autant d'indigents ou de nécessiteux. Or, indépendamment des ressources propres aux bureaux de bienfaisance de Paris, 2 millions sont affectés aux services divers de ces établissements charitables, qui secourent 69,424 indigents ; la subvention parallèle des communes suburbaines n'atteint pas 100,000 fr. pour 35,000 indigents au moins. L'Administration de l'assistance publique de Paris reçoit du trésor municipal, sous forme de subventions diverses, 8,220,000 fr. Si l'on en retranche les 2 millions répartis entre les 12 bureaux de bienfaisance, il reste plus de 6 millions ; 75,000 fr. seulement, c'est-à-dire une somme dérisoire, composent tout le contingent des communes dans les frais des hôpitaux où leurs malades sont traités. Quant à leurs infirmes et à leurs vieillards indigents, elles n'ont pour les recevoir qu'un très-petit nombre d'asiles contenant à peine 100 lits au total.

Sans prolonger ce parallèle, il suffit de rappeler les observations si frappantes consignées dans le rapport de M. le Ministre de l'Intérieur au sujet de la police, qui compte, pour protéger la sûreté publique dans Paris, un agent par hectare superficiel et pour 360 habitants, et dans les communes de la banlieue suburbaine, un agent par 56 hectares et pour 5,165 habitants.

Enfin, dans les mêmes communes, abstraction faite des routes impériales et départementales et des chemins de grande communication, l'état de la voie publique laisse beaucoup à désirer. Plus du tiers de la surface des rues n'est ni pavé ni empierré ; tandis que le parcours total de la voie publique est de 257,590 mètres, celui des égouts n'est que de 12,452 mètres ; l'éclairage est incomplet ; la distribution des eaux, inégale et insuffisante ; l'arrosement, nul.

Presque tous les articles du budget municipal de Paris seront donc grossis par l'addition des dépenses applicables à la zone suburbaine, dans une proportion que ne permet pas d'apprécier exactement le relevé des articles de même nature inscrits aux budgets actuels des communes.

Pour évaluer ces augmentations, il faut distinguer parmi les dépenses municipales : 1º celles qui ont le caractère de frais généraux administratifs, et qui ne sont susceptibles que de légères variations ; 2º celles qui sont proportionnelles au nombre des administrés, telles que les dépenses du culte, de l'instruction primaire, de l'assistance publique, des inhumations, etc., et dont il y aura lieu de régler les allocations, en considérant que la population suburbaine était, lors du dernier recensement, égale à près du tiers de la population de Paris ; 3º celles qui sont proportionnelles à la superficie du sol, telles que les dépenses du service du plan de la ville, ou à la surface bâtie, telles que les dépenses du service des architectes-voyers, ou à l'étendue de la voie publique, telles que les dépenses de nettoyage, d'arrosage, d'éclairage, ou à plusieurs de ces éléments combinés, telles que les dépenses de la police, dont la surveillance se fait sans doute plus spécialement aux lieux habités, mais ne peut négliger cependant les terrains déserts : charges municipales fort diverses et fort difficiles à supputer ; car si la superficie de la zone comprise entre les deux enceintes est à celle de la ville actuelle dans le rapport de 8 à 7, la moitié seulement en est couverte de constructions, et les rues et les places y sont bien moins multipliées qu'à Paris ; 4º enfin, celles qui sont proportionnelles au nombre des arrondissements, telles que les dépenses des mairies, et qui s'accroîtront des deux tiers, puisque le territoire communal sera divisé en vingt arrondissements au lieu de douze.

D'après ces bases d'évaluations, dont j'ai cherché à ne faire usage qu'avec une circonspection extrême, et dont je me suis attaché d'ailleurs à contrôler l'exactitude par les renseignements recueillis jusqu'à ce jour sur l'état des services communaux dans la banlieue suburbaine, je suppose que les accroissements de dépense ordinaire apportés dans le budget de la Ville, par la mesure projetée, sera de 12,350,000 fr.

Voici, en regard du chiffre donné par le budget de 1859, pour chacune des grandes catégories de dépense ordinaire de la Ville, le chiffre correspondant auquel je suis arrivé pour la zone suburbaine.

J'ajoute à cet état comparatif le sommaire des crédits qui sont ouverts au même budget pour dépenses extraordinaires, et en face desquels je ne puis rien inscrire que pour *mémoire* dans la colonne des augmentations afférentes aux territoires nouveaux.

DÉPENSES ORDINAIRES.	CRÉDITS ALLOUÉS AU BUDGET de 1859.	ÉVALUATION des DÉPENSES APPLICABLES aux territoires annexés.
DETTE MUNICIPALE : Intérêts, lots et primes d'emprunts, et autres charges annuelles.............................	6,157,504. 82	200,000. »
SERVICES RÉGIS DIRECTEMENT PAR LA PRÉFECTURE DE LA SEINE : Contributions de toute nature, mairie centrale, services divers de perception des revenus municipaux, mairies d'arrondissements, garde nationale, garde de Paris et services militaires, cultes, inhumations, instruction publique, entretien des édifices communaux, de la voie publique, des établissements hydrauliques et des promenades et plantations, secours divers, fêtes et cérémonies, etc.........................	21,256,113. 01	6,960,053. »
ASSISTANCE PUBLIQUE : Subvention annuelle à l'assistance publique et à divers établissements charitables; contingents communaux dans les dépenses départementales des enfants assistés et des aliénés.....................	7,952,940. »	2,189,947. »
SERVICES DE LA PRÉFECTURE DE POLICE : Police municipale, approvisionnement, nettoiement, hygiène publique et salubrité.................................	13,272,453. 40	3,000,000. »
TOTAUX....................	48,639,011. 23	12,350,000. »

DÉPENSES EXTRAORDINAIRES.		
DETTE MUNICIPALE : Amortissement.....................	5,471,575. »	*Mémoire.*
SUBVENTIONS A L'ASSISTANCE PUBLIQUE pour reconstructions et constructions neuves de bâtiments hospitaliers, etc.....	1,241,993. »	*Id.*
GRANDS TRAVAUX d'architecture et de beaux-arts, de ponts et chaussées et ouvrages hydrauliques.................	8,355,065. »	*Id.*
AMÉLIORATIONS DE LA VOIE PUBLIQUE : Prix d'immeubles acquis à terme, et travaux............................	13,941,437. 15	*Id.*
TOTAUX..........	29,010,070. 15	*Mémoire.*

Il importe de rechercher maintenant, par des calculs analogues à ceux qui ont servi aux évaluations qui précèdent, quelles recettes probables viendront, en conséquence de la mesure projetée, s'ajouter aux recettes actuelles de Paris.

L'augmentation du produit de l'octroi constituera la principale de ces sources de revenu; mais il y aurait une grande erreur, ainsi que l'a démontré M. le Ministre de l'Intérieur, dans le rapport du 9 février, à la supputer en multipliant, comme on a coutume de le faire, le nombre des habitants de la zone suburbaine, au moyen du quotient que donne le produit de l'octroi de Paris, divisé par la population de cette ville. En effet, la zone suburbaine est peuplée, en majeure partie, d'ouvriers, de petits rentiers, de petits ménages, dont la consommation est restreinte aux objets essentiels à la vie, et circonscrite ordinairement par l'économie la plus étroite. Au contraire, dans Paris, ville de luxe, où les personnes riches et les étrangers abondent, si la moyenne des droits d'octroi est de 38 fr. 97 c. par tête, cette somme doit être divisée en deux parties, dont l'une, de 26 fr. 37 c., résume les droits afférents aux consommations les plus générales, communes à toute la population, et le surplus, le produit, de taxes portant sur des consommations exceptionnelles, beaucoup plus rares dans la banlieue qu'à Paris, ou sans aucun intérêt pour les petits ménages.

Pour se rendre compte de l'addition probable au produit de l'octroi, qui résultera de la mesure projetée, il convient d'abord de multiplier le seul chiffre connu de la population suburbaine, 351,189, par 26 fr. 37 c., expression des droits relatifs aux consommations générales, ce qui donne 9,260,843 fr. 93 c.

Il faut admettre ensuite que les taxes applicables aux consommations exceptionnelles, qui comptent pour 12 fr., en somme ronde, dans les produits de l'octroi de Paris, bien que moins fructueuses dans la banlieue, y donneront cependant un produit; mais qu'en raison surtout de l'immunité dont les usines doivent jouir pendant cinq ans, pour leur consommation de houille, on ne risque pas d'être au-dessous de la vérité, si l'on prend comme expression moyenne du rendement de ces taxes par tête, la moitié du taux actuel de Paris, soit 6 fr. par habitant des communes annexées.

On a ainsi une somme de 2,107,134 fr., et on arrive à un total de 11,367,987 fr. 93 c.

En y ajoutant le montant exact des centimes communaux qui grèveront seuls la banlieue, après l'application si favorable du régime parisien aux contributions directes, et en outre, l'ensemble des autres revenus dont les communes annexées sont en possession aujourd'hui et dont elles apporteront la jouissance à

Paris, on a, pour l'augmentation probable des recettes municipales, un total de 12,411,571 fr. 12 c.

Voici le rapprochement des éléments qui composent ce total, des prévisions de recettes du budget de 1859 :

	EVALUATION des RECETTES DE PARIS portées au budget de 1859.	EVALUATION du REVENU PROBABLE des territoires nouveaux.
RECETTES ORDINAIRES.		
Centimes communaux..............	2,187,000. »	260,180. »
Octroi.........................	48,929,000. »	11,367,987. 93
Produits communaux (halles, marchés, droits de place et autres, abonnements aux eaux de la Ville, concessions diverses, etc.)	22,324,748. 05	783,403. 28
Totaux..............	73,440,748. 05	12,411,571. 21
RECETTES EXTRAORDINAIRES....	4,208,333. 33	Mémoire.
Totaux généraux.........	77,649,081. 38	12,411,571. 21

La première conséquence à tirer de ces rapprochements, c'est que l'augmentation des dépenses ordinaires sera balancée à peine par celle des recettes, et que, d'une part, l'amortissement des dettes afférentes aux territoires annexés, que le projet met à la charge de la Ville de Paris, et qui se montent à 4 millions ; d'autre part, tous les travaux extraordinaires, très-considérables, à exécuter dans la zone suburbaine, seront, pour le budget de Paris, une aggravation de charges sans compensation.

Mais, dès le début, le seul fait de la suppression du mur d'octroi aura pour conséquences forcées : 1° l'établissement de nouvelles barrières et l'installation du service de perception à l'enceinte fortifiée, c'est-à-dire une dépense d'environ 10 millions ; 2° la mise en état de la route militaire, qui n'est aujourd'hui, ni pavée, ni empierrée, et qu'il faudra paver sans doute, afin qu'elle puisse servir à la surveillance des employés de l'octroi, en même temps qu'à la communication de toutes les parties extrêmes des territoires annexés : or, cette dépense est évaluée à 3,300,000 fr. ; 3° le remaniement général du chemin de ronde intérieur et du boulevard extérieur bordant actuellement le mur d'octroi, que je mentionne seulement pour mémoire, parce que les frais de l'opération pourront être compensés par le produit des matériaux du mur, qui seront vendus à charge de démolition, et par le prix d'aliénation des rares parties du chemin de ronde qui ne seront pas nécessaires à l'élargissement du boulevard.

Les fonds dont la Ville dispose annuellement pour ses dépenses extraordinaires, après avoir convenablement doté ses services ordinaires et fait face à tous ses engagements, devront subvenir à ces diverses nécessités.

Sans doute, l'augmentation du nombre des habitants de la zone suburbaine, déjà réalisée depuis le recensement de 1856, et celle qu'on est fondé à prévoir pour l'avenir, soit dans cette zone, soit dans l'ancienne enceinte de Paris, apporteront un appoint croissant aux recettes de la Ville; mais ce progrès entraînera certaines augmentations des dépenses ordinaires, et un temps plus ou moins considérable devra toujours s'écouler avant que la population totale de la nouvelle ville soit dans un rapport tel avec sa surface, que les dépenses extraordinaires recouvrent une dotation équivalente à celle qu'elles obtiennent maintenant.

La mesure projetée serait donc de nature à causer dans la situation financière de la Ville un trouble assez profond, quoique passager peut-être, si toutes les conséquences en étaient abordées sans discernement. A coup sûr, l'Administration municipale surmontera cette difficulté, non sans beaucoup d'efforts et de dévouement, mais avec l'aide, qui lui est assuré, de vos lumières et de votre bienveillant concours, avec l'appui que l'autorité supérieure lui prêtera certainement, et à la condition plus impérieuse que jamais d'une direction ferme, persévérante, et d'une unité d'action incontestée.

Quelques personnes, il est vrai, suggèrent au Gouvernement un moyen radical de réaliser, sans embarras, l'annexion de la zone suburbaine : elles proposent la suppression de l'octroi. On rencontre, dans les dires de l'enquête et ailleurs, l'indication de procédés, renouvelés de 1791, pour préserver à la fois, de toutes taxes indirectes, la masse des habitants peu aisés de la banlieue suburbaine et de Paris, les industriels, les rentiers, les propriétaires, sans déranger l'équilibre du budget de la ville future. Il s'agit tout simplement de substituer à ces taxes, soit l'augmentation de l'impôt personnel et mobilier, soit une surélévation des quatre contributions directes, soit quelque nouvelle imposition directement perçue.

Qu'au temps de l'Assemblée-Constituante, alors que les financiers révolution-

naires, guidés par leurs théories et dénués de connaissances pratiques, se livraien'
à toutes les expériences, on ait soumis la ville de Paris à une telle épreuve, cela
s'explique à peu près. Mais, qu'on reproduise les mêmes utopies aujourd'hui,
après les leçons de l'histoire et la diffusion de la science financière, au milieu
d'une nation qui, en matière de grands travaux et d'améliorations générales,
réclame tout des pouvoirs publics et des administrations locales, à la charge sans
doute de leur fournir par l'impôt l'équivalent de ce que, en Angleterre, par
exemple, on consacre au même emploi, sous la forme de sacrifices volontaires,
d'avances de capitaux et de souscriptions privées, voilà ce qui est difficilement
concevable !

Avant de proposer l'abolition des droits d'octroi, à Paris, on est rigoureusement tenu, ou d'avoir préalablement changé les mœurs publiques, ou de formuler
un moyen efficace de fournir à la Ville les ressources nécessaires pour répondre
à tous les besoins dont la satisfaction lui est demandée.

Le produit des taxes établies à l'entrée de Paris est de 50 millions pour le trésor
municipal, de 20 millions pour le Trésor-Public ; c'est donc à un déficit de 70 millions qu'il faudrait pourvoir.

En veut-on charger l'impôt personnel et mobilier ?

Les contribuables de Paris n'ont payé, de ce chef, que 5,761,668 fr. en 1858 (1).
Le surplus du contingent communal a été soldé, selon l'usage, par un prélèvement sur les produits de l'octroi, qui a permis d'exonérer tous les habitants de la
contribution personnelle, de décharger de toute cote mobilière les imposables
dont le loyer, arbitré au quatre cinquièmes du prix réel, n'atteint pas 250 fr., et de
dégrever, dans une certaine mesure, ceux dont les loyers ne dépassent pas 1,500 fr.

Cependant, comme le prouvent les dossiers des réclamations mis à l'instruction
chaque année, la perception des cotisations mobilières est encore difficile, et,
quelquefois, pleine de souffrances pour les contribuables.

En 1831, on voulut tenter de rétablir l'imposition personnelle et de la recou-
vrer sur tous les habitants qui n'étaient point réputés indigents. Les poursuites,
les saisies, les non-valeurs se sont multipliées à un tel point, par l'impuissance
ou la résistance des contribuables, qu'il a fallu revenir au système aujourd'hui
en vigueur. Il ne s'agissait cependant alors que d'une somme de 750,000 fr. pour
la contribution personnelle, et d'une autre somme de 5,000,000 fr. pour la contri-

(1) *Moniteur* du 22 février.

6

bution mobilière, c'est-à-dire de moins de 6 millions en totalité. Et l'on songerait à surcharger de 70 millions, c'est-à-dire à rendre douze fois plus lourd qu'il n'est aujourd'hui, un impôt dont l'histoire renferme de tels enseignements! Cela n'est pas un instant discutable.

Deux personnes ont avancé, dans l'enquête ouverte à Paris, que le produit de l'octroi pouvait être remplacé par une adjonction simultanée aux impôts foncier, personnel et mobilier et des patentes.

Le principal de ces trois impôts directs, pour Paris, figure aux rôles du dernier exercice pour 22,032,050 fr. Le surcharger de 70 millions, ce serait ajouter 310 centimes par franc aux 54 centimes additionnels de toute nature dont il est déjà grevé. Chaque cotisation foncière, personnelle et mobilière et de patente se trouverait donc triplée. Mais, selon l'expression de Franklin, les marchands feraient passer leur imposition dans leurs factures (1), les propriétaires en grossiraient les loyers, tandis que les petits locataires, n'ayant plus le secours de l'octroi pour payer, en tout ou en partie, leur cote personnelle et mobilière, en subiraient, sans allégement, l'énorme fardeau.

La contribution directe frappe le contribuable d'une charge condensée, qu'il ne peut fractionner que par douzièmes, fixe sa cotisation sans lui, malgré lui, d'après des bases générales qui ne peuvent s'accommoder à toutes les fortunes, à toutes les combinaisons du revenu privé, l'appelle tous les mois chez le percepteur, le gourmande s'il tarde, le presse souvent hors de sa convenance, le poursuit et, au besoin, l'exproprie.

L'octroi, au contraire, subdivise la perception en parcelles insensibles, n'affecte d'une manière immédiatement appréciable aucune partie du revenu individuel, échappe à l'attention du consommateur, qui se taxe lui-même, sans le savoir, selon ses moyens, ses salaires, sa volonté, ne met jamais les contribuables en face du collecteur, et procure cependant aux communes les recettes nécessaires pour doter convenablement les services municipaux.

Le rehaussement des contributions directes, qui remplacerait l'octroi, serait intolérable à la population, surtout à la masse des habitants peu aisés de Paris et de la banlieue réunis. Bientôt, la clameur publique amènerait la réduction de

---

(1) *Discours de* FRANKLIN *au Parlement d'Angleterre*, cité dans un rapport de M. D'ALLARDE, au nom du comité des contributions publiques à l'Assemblée-Constituante ; séance du 15 février 1791.

(Voir les *OEuvres de* TURGOT, I, 49.)

l'impôt et, par suite, la ruine des finances de la Ville, et la pénurie des temps révolutionnaires.

Des réformateurs, il est vrai, dégrèvent d'avance la majorité de la population pour ne charger que les riches. Leur système s'appelle l'impôt progressif. Il ne date pas de 1791; il est de 1793. Je crois hors de propos de discuter ici cette forme, non d'impôt, mais de spoliation, qui ne peut aboutir qu'à un désastre public. Il suffit de renvoyer les rares partisans de cet expédient au jugement qu'en a porté un démocrate célèbre, qui s'élevait parfois par son talent au-dessus des fausses doctrines de son parti (1).

IV.

Les registres de l'enquête et les pièces annexées contiennent fort peu d'observations. Il en devait être ainsi. Les personnes domiciliées dans le périmètre de l'enceinte actuelle de Paris sont à peu près indifférentes au changement qui va s'opérer.

Plusieurs y trouveront avantage : ce sont les possesseurs des terrains et des bâtiments qui avoisinent le chemin de ronde. L'interposition du mur qui les sépare aujourd'hui du boulevard extérieur et du territoire de la banlieue, déprécie évidemment leurs propriétés, dont le séjour en est rendu incommode et désagréable.

---

(1) Voici comment s'exprimait Armand Carrel en 1833 : « On semble, dit-il, considérer la richesse générale du pays comme « la provision de vivres d'un navire en mer, provision qui, une fois embarquée, ne s'augmenterait plus; et le pauvre paraî- « trait, dans ce système, n'être réduit à la moitié ou au tiers de sa ration, que parce que le riche mangerait deux ou trois « fois plus que la sienne.

« De là l'idée, toute populaire, de vouloir réduire le riche à la simple ration, c'est-à-dire de faire qu'il ne soit plus riche. « Or, on est riche fripon, mais on est aussi riche honnête homme; on est riche oisif, mais on est aussi riche laborieux; on « est riche par héritage, mais on l'est aussi parce que l'on a su exploiter une grande découverte dans les arts, un perfection- « nement dans l'industrie; on devient riche parce qu'on est très-habile chirurgien, ou grand jurisconsulte, ou artiste de pre- « mier ordre; on est riche parce qu'on a rendu à son pays de grands services dans le gouvernement et dans les armes.

« La richesse personnelle n'est donc pas un tout nécessaire, fait à l'humanité, et souvent elle est le prix des services qu'on « lui a rendus. L'impôt progressif, impôt de jalousie et non d'équité, ne distinguerait pas entre la richesse héritée et la « richesse péniblement et honorablement acquise, entre la richesse oisive et la richesse laborieuse. L'impôt progressif punirait « toute richesse sans distinction , et cela dans la fausse donnée que tout riche dévore la subsistance d'un certain nombre de « pauvres. »

Cette curieuse citation est empruntée au livre de MM. Macarel et Boulatignier, sur *la Fortune publique de la France*, où les savants publicistes constatent le mauvais succès des tentatives faites à diverses époques pour établir l'impôt progressif.

Que ce mur tombe , eux et leurs locataires se trouveront riverains d'une promenade large et bien plantée, en communication directe avec des localités qu'ils ne
peuvent visiter aujourd'hui que par le long détour de la barrière ; le boulevard
extérieur deviendra promptement l'une des grandes artères de la ville; ses deux
côtés se couvriront à la fois de constructions et d'une population active.

Par la suppression de l'enceinte intérieure, la masse des habitants de Paris
jouira, d'ailleurs, d'une liberté plus grande de mouvement, de relations plus faciles
et plus rapides avec la zone annexée.

Sans doute, les consommateurs du dimanche et du lundi verront les établissements qu'ils fréquentent d'habitude passer sous le régime de l'octroi parisien. Mais
le prix des boissons qu'on y débite n'en sera qu'insensiblement relevé. Dans l'état
présent des choses, le vin, vendu au détail hors de Paris, est frappé d'un droit de
15 p. °/₀ *ad valorem*, qui fait varier par conséquent le montant des impôts indirects,
selon la cherté ou le bon marché de la denrée, mais qui le rehausse toujours assez
pour le rendre très-voisin du droit total payé à l'entrée de Paris. La qualité des
boissons consommées dans les communes suburbaines n'est pas, d'ailleurs, soumise
à la surveillance du service de la dégustation, organisé dans l'enceinte de l'octroi.
Ainsi, la mesure projetée ne changera pas d'une manière sensible le prix du vin
aux barrières existantes ; mais elle en améliorera généralement la qualité.

Quelques fabricants de Paris ont exprimé la crainte d'avoir à supporter, de la
part des industries similaires établies dans la zone suburbaine, une concurrence
dangereuse, tant que ces industries jouiront des facultés et avantages qui leur
sont promis pour cinq ans par les §§ V et VII de l'art. 1ᵉʳ du décret du 9 février.
Des fabricants de liqueurs du 6ᵉ arrondissement et des potiers de terre du 8ᵉ ont
présenté des observations dans ce sens.

Mais leurs craintes ne pourraient être fondées que si, pendant un délai de cinq
années, la situation relative des fabricants de Paris et des fabricants de la banlieue devait être changée, au détriment des premiers , par l'exécution des dispositions du décret : or, il n'en est rien.

Les distillateurs des communes annexées ne pourront vendre leurs produits
dans la ville, qu'en payant les mêmes droits que leurs confrères parisiens; seulement, l'entrepôt fictif leur permettra de conserver, pendant cinq ans, l'exemption de tous droits d'octroi, dont ils sont en possession déjà pour tout ce qu'ils
exportent au dehors.

Quant aux potiers de terre de la zone suburbaine, qui continueront, pendant la
même période de temps, à ne payer de droits sur la houille que ceux qu'ils

acquittent aujourd'hui, rien non plus ne sera modifié dans les conditions actuelles de leur fabrication et de leur commerce.

Il en est de même de tous les autres industriels de la zone annexée : le seul effet des immunités qu'on leur promet sera de proroger en leur faveur, pendant cinq ans, l'état présent des choses.

Il faut cependant reconnaître qu'un certain changement s'opérera, dès le premier jour de l'annexion, dans leurs dépenses personnelles, par suite du payement des taxes de l'octroi parisien, sur leurs consommations et celles de leurs familles et de leurs serviteurs. Mais les fabricants de Paris n'auront point à s'en plaindre.

La compagnie du chemin de fer de l'Est a demandé, dans l'enquête ouverte au 5ᵉ arrondissement, que toutes les gares de marchandises que l'annexion comprendra dans Paris soient déclarées entrepôts libres, en faisant remarquer que le Gouvernement lui-même a voulu qu'on les établît entre les deux enceintes, afin que, d'une part, elles fussent affranchies de l'octroi, et que, de l'autre, la protection des fortifications leur fût assurée. Une disposition législative n'est nécessaire que pour autoriser la concession d'entrepôts fictifs à domicile, qui est actuellement interdite à Paris (1); tous entrepôts réels peuvent être institués sans dérogation aux lois. La demande de la compagnie de l'Est n'entre donc pas dans le cercle de l'enquête ouverte par le décret du 9 février; elle paraît être purement et simplement du ressort administratif.

Les limites assignées à la nouvelle commune et la division de son territoire en arrondissements de mairies et de justices de paix ont donné lieu à diverses observations.

Il me paraît superflu de rien ajouter aux raisons, exposées dans le Rapport à l'Empereur, de l'extension des nouvelles limites de Paris jusqu'à la ligne extrême de la zone des servitudes défensives. On comprend aisément la nécessité d'assurer aux préposés de l'octroi, au delà de l'enceinte fortifiée, une zone d'isolement, dans laquelle ils puissent exercer leur surveillance sans sortir de la juridiction parisienne, et l'idée d'en faire coïncider les bornes avec celles qui limitent les servitudes défensives se présentait d'autant plus naturellement à l'esprit, que les constructions élevées sur le territoire frappé de ces servitudes sont destinées à disparaître tôt ou tard, et qu'il peut être utile d'associer le service militaire et celui de l'octroi,

---

(1) Lois du 28 avril 1816 et du 28 juin 1833.

dans un même intérêt, pour réprimer efficacement les contraventions nombreuses qui tendent à en prolonger la durée.

Mais le projet laisse la zone dont il s'agit en dehors de l'application du tarif des droits d'octroi, qu'il borne au mur d'escarpe des fortifications.

Cette disposition, à laquelle j'ai acquiescé tout d'abord, je l'avoue, parce qu'elle m'a paru plus favorable que toute autre à la facilité de la perception, aurait une assez bizarre conséquence : la zone des servitudes défensives serait affranchie, non-seulement de l'octroi de la ville, mais encore de celui des communes du dehors qu'elle supporte aujourd'hui, et dont elle se trouverait délivrée par son annexion à la commune de Paris. Aussi, l'a-t-on critiquée, et au nom des établissements publics existants à l'intérieur de l'enceinte fortifiée, qui vont être atteints par le tarif de l'octroi parisien, et au nom de ceux qui sont situés au delà des limites extérieures de la zone, et qui sont soumis au régime des octrois communaux. D'ailleurs, convient-il d'offrir, par la franchise de tout droit, une sorte de prime à la consolidation occulte des constructions placées sous l'interdit des servitudes défensives, et dans tous les cas, de donner à ces constructions une valeur locative qui en rende l'expropriation plus onéreuse, si l'État ou la Ville croyait devoir recourir un jour à cette mesure? Ces objections me paraissent fort sérieuses.

Le régime de l'octroi de Paris, appliqué au territoire extérieur de la ville, au moyen d'un service spécial analogue à celui des octrois actuels des communes, n'y serait pas plus inefficace. Dans tous les cas, si la fraude sur les consommations individuelles ne pouvait être complétement réprimée, les établissements publics, qu'il importerait surtout de soumettre à l'application des droits, ne sauraient échapper à la surveillance particulière dont ils seraient l'objet.

Vous aurez à examiner, Messieurs, s'il convient de demander une modification au projet, dans le sens que je viens d'indiquer.

Les nouvelles circonscriptions intérieures de la ville ne tiennent guère aucun compte des divisions actuelles. Quelque désirable qu'il puisse paraître de respecter les traditions et les habitudes, il n'est pas possible de maintenir les configurations fort singulières et d'ailleurs fort incommodes des douze arrondissements qui existent aujourd'hui, et de rattacher convenablement à la ville les territoires nouveaux qu'elle doit acquérir. D'ailleurs, quand on remonte à l'époque de leur délimitation, on ne trouve rien qui soit de nature à la faire regretter. En effet, il semble avéré que la nécessité de maintenir le chiffre de la population de chaque arrondissement entre le minimum de 30,000 âmes et le maximum de

50,000 fixés par la Constitution de l'an III (1), a seule inspiré ceux qui ont tracé ces divisions irrégulières du sol parisien.

Aujourd'hui, la répartition de la population entre les douze arrondissements s'écarte beaucoup des conditions d'équilibre qu'on avait cherché si laborieusement à remplir. Tandis que, suivant le recensement de 1856, le 8e arrondissement compte 144,748 habitants, et le 2e, 127,080, on n'en trouve que 35,490 dans le 4e, et 59,248 dans le 9e.

C'est qu'il faut, dans un pareil travail, beaucoup plus difficile qu'on ne le pense, prévoir l'avenir en même temps qu'on règle le présent, et, par ce motif, ne s'imposer aucune limite absolue de population ni de surface. Tel arrondissement, qui n'est pas susceptible de voir le nombre de ses habitants s'accroître considérablement, peut être sans inconvénient rendu plus populeux que tel autre, qui renferme des espaces vides, sur lesquels le mouvement des constructions doit se porter. D'un autre côté, il en est qui semblent, au premier aperçu, avoir une étendue trop grande, mais qu'on ne saurait restreindre, sans réduire leur population à un chiffre insuffisant pour motiver l'établissement d'une mairie et d'une justice de paix, tandis qu'ailleurs, des espaces, qui paraissent trop exigus, ne pourraient être élargis sans réunir plus d'habitants qu'il ne convient.

Les divisions tracées sur le plan soumis aux enquêtes ont été généralement trouvées satisfaisantes. Elles suivent presque toujours de grandes voies publiques, qui rendent les arrondissements faciles à distinguer, avantage précieux, car le lien qui unit les habitants d'une même circonscription est assez faible pour que, dans l'état actuel des choses, beaucoup éprouvent, à cause de l'irrégularité des limites, quelque incertitude sur la position de la mairie et de la justice de paix dont ils relèvent.

Néanmoins, je ne puis dire que le travail résumé au plan B, malgré les nombreuses études auxquelles mon administration s'est livrée avant de le proposer, soit à l'abri de toute critique fondée.

Il serait désirable que les nouveaux 4e, 7e et 11e arrondissements fussent amoindris ; car leur population est un peu trop élevée. Cette observation est surtout applicable au 7e arrondissement, qui peut encore recevoir de nombreuses constructions. Les deux autres ont, au contraire, peu d'avenir, sous ce rapport, et ils doivent même être traversés par des voies nouvelles, qui feront disparaître quelques-unes de leurs habitations.

_____

(1) Art. 183.

Une observation de la mairie du 12ᵉ arrondissement tendrait, il est vrai, à faire retrancher une bande de terrain du 11ᵉ pour la joindre au sien. Mais cette modification aurait pour résultat de donner au 12ᵉ arrondissement une population encore plus forte que celle qui est attribuée au 11ᵉ, alors que l'un renferme des terrains à bâtir bien plus considérables que l'autre. Le remède serait donc pire que le mal.

Des modifications demandées par les mairies des 3ᵉ et 10ᵉ arrondissements, en vue de conserver quelques parties de leurs territoires actuels, auraient, l'une, le défaut de troubler l'économie du 1ᵉʳ arrondissement, l'autre, de donner trop de surface au 10ᵉ et de ne pas en laisser assez au 11ᵉ. Une observation de la mairie du 8ᵉ arrondissement, tendant à prendre la rue du Faubourg-Saint-Antoine, dans toute sa longueur, pour limite des 8ᵉ et 9ᵉ, me paraît pouvoir être adoptée sans beaucoup d'inconvénients. Mais j'avoue que je ne vois pas non plus de raison bien décisive pour y donner suite.

Dans plusieurs arrondissements, on craint que la nouvelle répartition de la population actuelle n'ait pour effet de porter atteinte aux ressources des bureaux de bienfaisance, en retranchant aux uns la clientèle de certains quartiers riches, et en donnant aux autres la charge de plus de quartiers pauvres qu'ils n'en ont aujourd'hui. Il ne faut pas s'exagérer l'importance de l'intérêt qu'on signale. Les percements de voies nouvelles, qui s'opèrent dans Paris, auront pour effet d'effacer peu à peu les différences tranchées qui existent maintenant entre ses diverses parties. Déjà, des quartiers qui semblaient voués à la misère, se couvrent de constructions somptueuses, qui ne peuvent manquer d'y attirer une autre population.

D'ailleurs, qu'on se rappelle que le budget municipal fournit annuellement, pour le service des secours à domicile, plus de 2 millions, dont un quart au moins est réparti en vue de pourvoir, d'une manière générale, à l'insuffisance des revenus locaux, et l'on reconnaîtra aisément qu'il sera facile de rendre aux arrondissements modifiés ce dont une délimitation nouvelle peut momentanément les priver.

D'autres observations du même genre n'ont pu manquer d'être faites dans les communes suburbaines. J'en puis d'autant moins douter, que leurs habitants doivent attacher à la division du sol en arrondissements de mairies une importance qu'elle n'a pas en réalité. A la différence de ce qui se passe dans les autres communes de l'Empire, l'action municipale proprement dite ne réside pas ici dans les mairies. Elle est concentrée dans les mains des préfets. Les mairies d'arrondissements n'ont, dans le cercle de leur action, que l'état civil, la surveillance des écoles et des asiles, la direction des secours à domicile, et le soin de quelques détails administratifs que les règlements leur confient. Quoi qu'il en soit, je n'ai encore reçu et je n'ai d'ailleurs à mettre sous vos yeux, en Conseil municipal, que les dires recueillis dans les enquêtes faites à Paris.

Dois-je arrêter votre attention, Messieurs, sur quelques-uns de ces dires, qui se rapportent aux numéros des arrondissements? Plusieurs personnes voudraient que l'ordre des numéros suivit le cours du fleuve, selon le système adopté pour les rues. Il en est une qui propose de se conformer au cours du soleil !

L'Administration a cru devoir attribuer le premier numéro à l'arrondissement où se trouve la résidence impériale des Tuileries, le second à celui qui renferme l'Hôtel de Ville, et elle a suivi, pour les autres, des lignes allant de gauche à droite parallèlement au fleuve, mais en sens inverse de son cours. Peut-être, son système gagnerait-il à un échange de numéros entre les 10e et 12e arrondissements et entre les 18e et 20e. Vous en jugerez.

Je me tiens prêt à placer sous les yeux du Conseil municipal tous les éléments de la division soumise à l'enquête, et à le mettre ainsi à même de proposer les rectifications dont ce travail pourrait lui paraître susceptible.

Vous trouverez, Messieurs, dans les pièces de l'enquête, des observations présentées par quelques personnes qui sont domiciliées à Paris, mais qui, ayant des intérêts industriels ou autres dans la zone suburbaine, réclament au nom de ces intérêts. Leurs dires doivent être joints évidemment à ceux de même nature qu'ont formulés des habitants de la banlieue, et qui seront soumis à la Commission départementale pour être simultanément examinés. Ils ne se rapportent point, en effet, aux questions sur lesquelles vous avez à exprimer un avis, en qualité de membres du Conseil municipal de la commune actuelle de Paris.

V.

Vous le voyez, Messieurs, l'enquête faite à Paris n'a révélé aucun problème de quelque importance. Personne, en effet, n'y a touché le point qui mérite cependant, au premier chef, votre sollicitude, c'est-à-dire l'état futur des dépenses et des ressources de la Ville. M. le Ministre de l'Intérieur l'avait signalé. Il était, à coup sûr, l'objet de vos préoccupations, toutes les fois que l'éventualité d'une extension de la ville se présentait à vos esprits. Mais je n'ai rien voulu vous dissi-

7

muler. Depuis six ans, l'intimité d'une collaboration journalière nous a donné l'habitude d'une franchise absolue et d'une confiance réciproque. J'ai dû vous dire et démontrer par des chiffres, que les finances de la Ville, loin de gagner à l'annexion de la zone suburbaine, y perdront tout d'abord quelque chose en liberté et en puissance. Mais, d'un côté, vous savez mieux que personne sur quels fondements solides elles reposent, et combien elles ont de ressort ; d'un autre côté, la prévision d'un état de transition difficile et la préoccupation de l'intérêt communal ne pourront jamais détourner vos regards de l'intérêt supérieur de l'État, ni troubler votre patriotisme.

Vous n'oublierez jamais que Paris n'est pas une simple cité de l'Empire, mais le siège d'un gouvernement dépositaire des gages de la sécurité et de la puissance publiques, l'exemple du pays, la tête et le cœur de la France. Ces considérations, qui compliquent nos devoirs et les grandissent, vous feront apprécier les graves raisons données pour régulariser et organiser, sans plus de délai, le fait spontanément accompli de l'agrandissement extérieur de Paris, pour étendre une administration unique, une police fortement constituée, un système bien conçu de voies publiques, des services municipaux perfectionnés, sur cette région popu-leuse, insuffisamment administrée, mal surveillée, mal ordonnée, qui étreint la ville plutôt qu'elle ne s'y attache, et qui ressemblerait bientôt, si l'on n'y portait remède, au camp toujours grossi d'une armée confuse d'assiégeants, au lieu d'être le développement normal d'une ville unique.

En prenant part à l'accomplissement des grands desseins de l'Empereur pour la transformation de Paris, vous avez reconnu maintes fois combien des projets mal compris et contestés, dès l'abord, par une partie du public, étaient en eux-mêmes justes et profonds ; vous avez pu constater quelle approbation enthousiaste et universelle ils obtenaient, lorsque l'exécution avait rendu palpable ce qu'ils avaient d'utile et d'élevé. Vous n'êtes pas de ceux qui accueilleraient aisément un doute sur la haute sagesse des vues auxquelles la France doit, en définitive, une grandeur dont elle n'avait plus que le souvenir, et une prospérité incontestable.

La pensée de donner immédiatement à la capitale ses vraies limites est de l'ordre de celles qui sont inspirées par la prévoyance la plus infaillible et la plus lointaine.

Accomplie dans les conditions que l'Empereur a fixées, la mesure sera un avantage pour ceux mêmes auxquels elle peut causer passagèrement quelques embarras ; car elle les préservera des conséquences douloureuses qu'entraînerait certainement un plus long retard, et elle leur assurera, du même coup, tous les ménagements que la sollicitude la plus ingénieuse puisse inventer.

Pour la postérité, ce sera un des plus grands actes du règne de l'Empereur, et en le rapportant, l'histoire, impartiale mais juste, inscrira le nom de Napoléon III à côté des noms glorieux des grands souverains qui ont fondé, d'une manière durable, la splendeur de Paris, et dont le peuple entier, dans sa reconnaissance, a fidèlement gardé la mémoire.

Paris, le 7 mars 1859.

Le Sénateur, Préfet de la Seine,

G.-E. HAUSSMANN.

DÉLIBÉRATION DU CONSEIL MUNICIPAL.

Extrait du Registre des Procès-Verbaux des Séances du Conseil municipal de la Ville de Paris.

Séance du 11 Mars 1859.

Présents : MM. Ferdinand BARROT, BAYVET, BILLAUD, Comte DE BRETEUIL, CHAIX-D'EST-ANGE, COCHIN, CORNUDET, Eugène DELACROIX, DENIÈRE, DIDOT, DUBARLE, DUMAS, DUTILLEUL, ECK, FÈRE, FLOURENS, FOUCHÉ-LEPELLETIER, Victor FOUCHER, Eugène LAMY, LEGENDRE, LEMOINE, MONNIN-JAPY, Ernest MOREAU, OUDOT, PÉCOURT, PELOUZE, PÉRIER, SÉGALAS, Édouard THAYER, Germain THIBAUT et VARIN.

LE CONSEIL,

Vu le décret impérial du 9 février 1859, concernant le projet d'extension des limites de Paris jusqu'à l'enceinte fortifiée, ensemble le rapport de S. Ex. M. le Ministre de l'Intérieur ;

Vu l'arrêté pris en exécution de ce décret, à la date du 5 de ce mois, et par lequel M. le Sénateur, Préfet de la Seine, a convoqué le Conseil municipal en session extraordinaire, à l'effet de délibérer sur le projet dont il s'agit ;

Vu les procès-verbaux des enquêtes qui ont eu lieu dans les douze mairies de Paris du 13 au 27 février dernier, lesquelles enquêtes présentent les résultats suivants :

1° Les maires et les commissaires-enquêteurs expriment unanimement une opinion favorable à la mesure ;

Plusieurs adhésions privées sont jointes aux enquêtes (1er, 2e, 5e arrondissements) ;

2° Cinq oppositions seulement ont été énoncées (1er, 2e, 4°, 8e, 12e arrondissements);

3° Des réclamations ont été faites : par un petit nombre d'industriels de Paris qui redoutent la concurrence de leurs confrères de la banlieue pendant la durée de l'exemption d'octroi (1); par d'autres industriels ou diverses compagnies qui signalent le préjudice auquel la mesure les expose, et demandent des immunités spéciales (2); par plusieurs personnes qui sollicitent l'extension ou la prolongation des priviléges provisoires accordés par le projet de décret aux usines situées dans le territoire à réunr, ou bien suggèrent diverses mesures à adopter, à la suite de l'annexion;

4° Les administrations municipales des 3e, 8e, 10e, 11e et 12e arrondissements, et plusieurs habitants des mêmes arrondissements, demandent diverses modifications aux délimitations indiquées par le plan B joint à l'enquête;

Vu le mémoire en date du 7 de ce mois, par lequel M. le Sénateur, Préfet de la Seine, après avoir développé les motifs et les conséquences de la mesure, et discuté les dires produits aux enquêtes, conclut à l'adoption du projet;

Vu les plans à l'appui;

Considérant que le Conseil municipal, réuni en session extraordinaire, ne doit donner son avis qu'au point de vue des intérêts de la Ville de Paris, et qu'il est réservé à la Commission départementale de s'expliquer plus spécialement sur l'ensemble et les détails de l'annexion; que, sous ce rapport, le Conseil doit néanmoins examiner l'opportunité de la mesure, son mode d'exécution, ses résultats;

Considérant que la mesure de l'annexion avait été prévue, depuis le jour où le système des fortifications venait créer autour de l'ancien mur d'octroi une nouvelle enceinte continue; que la formation de cette zone intérieure, soumise à un autre régime que celui de la capitale elle-même, a été considérée dès lors comme une mesure transitoire et temporaire;

Considérant que si, jusqu'à ce jour, dans le désir de ménager les intérêts privés, la réalisation de cette mesure a été ajournée, il faut reconnaître qu'il est urgent de ne pas prolonger cet état de choses, en laissant ainsi se créer chaque jour des

---

(1) Distillateurs (6e et 8e arrondissements). — Potiers de terre (8e arrondissement).

(2) Compagnie des Omnibus (1er arrondissement). — Compagnie parisienne du Gaz (2e arrondissement). — Chemin de fer de l'Est, Chemin de Ceinture (1er arrondissement). — Fabricants de couleurs et vernis (7e arrondissement). — Gourmets piqueurs de vin (12e arrondissement). — Greffiers de justice de paix (3e, 2e, 8e, 12e arrondissements).

intérêts et des prétentions qui rendraient de plus en plus difficile l'annexion de cette zone et son assimilation sous une administration unique et homogène ;

Qu'ainsi, la mesure proposée est utile et opportune ;

Considérant, quant à son mode d'exécution, que de sages tempéraments adouciront ce qu'une exécution trop brusque eût pu apporter de trouble dans les industries établies, et prépareront ainsi la transition entre le régime actuel et celui de l'annexion ;

Considérant, quant aux résultats de l'annexion, en ce qui concerne plus directement les intérêts de la Ville de Paris, que, si la capitale doit voir ainsi agrandir son territoire et augmenter son importance par une haute mesure de bonne administration et d'utilité publique, il est néanmoins impossible de se dissimuler qu'elle verra en même temps accroître ses charges dans une proportion plus considérable encore;

Qu'en effet, les améliorations de toute nature qu'entraînent les habitudes et les besoins d'une grande capitale, devront être peu à peu introduites dans cette zone nouvelle, et que les calculs présentés sur ce point dans le mémoire de M. le Préfet, et qui tendent à équilibrer les résultats financiers de la mesure, sont loin cependant, malgré le soin consciencieux avec lequel ils ont été étudiés, de présenter une certitude absolue sur les résultats de l'annexion;

Considérant que les charges extraordinaires de toute nature qu'elle doit entraîner, et tout d'abord le déplacement de l'octroi, ainsi que les travaux qui en sont la conséquence, apporteront au budget de la Ville une charge considérable et immédiate que les produits éventuels de l'opération sont loin de compenser;

Mais considérant qu'elles auront pour résultat non-seulement de placer ces populations sous une administration homogène, mais encore, en améliorant leur situation matérielle et en leur assurant, dans une plus large proportion, les bienfaits de l'assistance publique, d'élever en même temps leur situation morale, sous le rapport de la religion et de l'instruction primaire;

Considérant, d'ailleurs, que l'heureux système sur lequel reposent les finances de la Ville et l'assiette de ses revenus, lui a permis jusqu'ici de seconder les vues de l'Empereur, et, en suivant sa haute impulsion, d'apporter chaque jour, dans l'administration de cette grande capitale, sans aucun trouble pour ses finances, les améliorations et les progrès qui en ont changé l'aspect;

Considérant qu'avec les facilités qu'elle est certaine de trouver près du Gouvernement pour assurer la sécurité de la cité ainsi agrandie, l'Administration municipale a la conviction qu'elle saura pourvoir à toutes les nécessités de l'annexion ;

Considérant, en ce qui concerne la zone des servitudes défensives nécessaires à l'isolement de l'enceinte continue, qu'il est impossible de l'affranchir à la fois du régime de l'octroi de Paris et du régime des octrois extérieurs, en lui créant ainsi une situation exceptionnelle ;

Considérant que le régime de l'octroi de Paris peut être appliqué à ce territoire au moyen d'un service spécial ;

Considérant, en ce qui touche les inconvénients qui pourraient résulter, au point de vue de la ville ainsi agrandie, de la formation d'une nouvelle banlieue à proximité de l'enceinte continue, que le Conseil municipal s'en remet, avec la plus entière confiance, à la sollicitude du Gouvernement impérial, afin que l'exécution de la mesure soit entourée des précautions nécessaires pour sauvegarder les intérêts collectifs de la cité et les intérêts industriels de la population annexée, tout en venant ajouter encore à l'efficacité du système des fortifications qui entourent Paris et assurent la défense de la capitale en même temps que la sécurité du pays ;

Considérant, quant à la demande faite par les compagnies de chemins de fer, qu'il sera possible d'donner satisfaction, mais bien entendu à la condition de restreindre la faculté d'entrepôt aux gares de marchandises ;

Quant aux autres observations de détail consignées dans les enquêtes ci-dessus visées :

Considérant que les oppositions sont suffisamment réfutées par le mémoire de M. le Préfet de la Seine et par les motifs de la présente délibération ;

Considérant que les réclamations d'intérêt particulier, déjà soigneusement appréciées dans le mémoire, feront, s'il a lieu, l'objet de l'examen ultérieur de l'administration, ou bien trouveront une place plus naturelle au moment de la délibération sur l'enquête ouverte dans la banlieue ;

Quant aux demandes de changement de délimitations :

Considérant que le changement proposé pour le 3ᵉ arrondissement consiste à prendre pour limite, au lieu de la rue Neuve-des-Petits-Champs prolongée, la rue de la Vrillière, la rue Coquillière et la rue de Rambuteau ; que ce changement aurait l'inconvénient de diminuer de 14,504 habitants la population du 1ᵉʳ arrondissement qui, étant occupé en partie par le palais des Tuileries, le Louvre, le Palais-Royal et les Halles, n'est pas de nature à s'accroître, et de porter à 108,588 celle du 3ᵉ arrondissement ; que dès lors il n'y a pas lieu de faire droit à cette demande ;

Considérant que la modification proposée par le 8ᵉ consiste à le séparer du 9ᵉ par la rue du Faubourg-Saint-Antoine dans toute sa longueur, au lieu de la rue de Montreuil jusqu'à la barrière de Vincennes, et à transporter ainsi d'une circonscription dans l'autre 3,494 habitants; que cette modification peut être accueillie à condition d'adjoindre au 17e arrondissement, pour conserver la régularité géométrique des subdivisions, la partie du 9e arrondissement qui s'étend jusqu'à la route impériale n° 34;

Considérant que la population du 17e arrondissement, évaluée à 44,727 habitants seulement, peut être augmentée avec avantage;

Que dès lors ces deux modifications sont de nature à être acceptées;

Considérant que la réclamation du 10e arrondissement, qui demande qu'on lui laisse le quartier de la Monnaie et qu'on reporte sa limite de la rue de Sèvres à la rue du Cherche-Midi, ne saurait être accueillie, parce que cet arrondissement occupera une superficie de 4,240,000 mètres, contenant de nombreux terrains à bâtir et déjà de beaucoup supérieure à la moyenne de la superficie des autres arrondissements;

Considérant que la demande du 12e arrondissement, consistant à être séparé du 11e par le boulevard de Sébastopol et non par la rue Saint-Jacques, mérite d'être prise en considération; qu'il importe, en effet, d'adjoindre à cet arrondissement, occupé par de nombreux établissements publics et beaucoup de familles nécessiteuses, une population plus riche; que le quartier de l'Observatoire, qui en serait distrait, fournit la majorité des administrateurs, des jurés, des scrutateurs, des notables, et la plus grande partie des ressources charitables; que le 11e arrondissement conservera 93,079 habitants et un territoire comprenant de nombreux terrains à bâtir;

Est d'avis :

Qu'il y a lieu :

D'adopter la mesure de l'annexion;

D'approuver le mode de division de la ville de Paris en vingt arrondissements, sauf les modifications proposées en ce qui touche la circonscription des 8e et 12e arrondissements;

D'adopter les mesures provisoires proposées dans le mémoire de M. le Préfet ;

D'approuver l'évaluation présumée des dépenses à la somme de 12,350,000 fr.;

Et de soumettre la zone extérieure des servitudes défensives au régime de l'octroi de Paris.

Signé au registre : DUMAS, *Président.*

G. THIBAUT, *Secrétaire.*

8

PROCÈS-VERBAUX DES DÉLIBÉRATIONS

DU

CONSEIL D'ARRONDISSEMENT DE SAINT-DENIS

(SESSION EXTRAORDINAIRE DE 1859).

Le 14 mars 1859, à deux heures, les soussignés, membres du conseil d'arrondissement de Saint-Denis, se trouvant réunis à la sous-préfecture, par suite d'une convocation de M. le Sous-Préfet, ce magistrat leur a exposé ce qui suit :

Le Gouvernement, par un décret du 9 février dernier, a provoqué une enquête sur le projet qu'il a conçu d'étendre les limites de Paris jusqu'au périmètre des fortifications ; il a autorisé, à cet effet, les réunions extraordinaires des conseils municipaux et des conseils d'arrondissements appelés à en connaître. Déjà les enquêtes ont eu lieu dans les différentes localités intéressées, en exécution d'un arrêté préfectoral du 10 février, et le conseil est actuellement convoqué, pour prendre communication de ceux de ces procès-verbaux qui ont été dressés dans l'arrondissement, ainsi que de toutes les pièces qui les accompagnent, afin d'émettre ensuite son avis sur tous les dires exprimés, et de donner son opinion personnelle sur la mesure même de l'agrandissement de la ville de Paris. Un arrêté de M. le Préfet, en date du 11 mars, a nommé, pour la session, M. Auger, président, M. Pitois, vice-président, et M. Blondel, secrétaire ; tous les documents seront remis au conseil, et M. le Sous-Préfet l'invite à commencer immédiatement ses opérations, qui doivent être terminées, au plus tard, dans le délai de cinq jours.

Sont alors présents les neuf membres qui composent le conseil, savoir :

MM. ADAM,	MM. COTTIN,
AUGER,	LEJEUNE,
BALAGNY,	PITOIS,
BLONDEL,	Le baron ROGUET.
BOUCHER,	

MM. Auger, Pitois et Blondel ayant annoncé qu'ils acceptent les fonctions auxquelles ils sont appelés, prennent place au bureau. Le président déclare ouverte la session extraordinaire, prescrite par le décret du 9 février.

Ce décret, les arrêtés préfectoraux, les arrêtés des maires, les affiches et autres pièces constatant la régularité des opérations d'enquête, ainsi que tous les dossiers des enquêtes locales, sont remis par M. le Sous-Préfet.

Sur la proposition du président,

Le conseil décide qu'il commencera son travail par un examen général de tous les dires qui se sont produits, qu'il reviendra ensuite, s'il y a lieu, sur ceux qui lui paraîtraient nécessiter une étude particulière, et qu'après s'être ainsi éclairé, le conseil délibérera lui-même sur les questions qui font l'objet de l'enquête.

Le premier examen permet de constater que la population a été consultée dans dix-sept communes de l'arrondissement, que dans neuf (Boulogne, Clichy, Montmartre, Saint-Ouen, Saint-Denis, Aubervilliers, Pantin, Les Prés-Saint-Gervais et Bagnolet), elle s'est abstenue de toute opposition au projet d'agrandissement; que, dans les huit autres, on a recueilli 659 déclarations individuelles ou collectives, dont 43 faites par des personnes qui se sont présentées pour appuyer la mesure, et 197 seulement émanant d'opposants qui se prononcent pour le rejet.

Les 417 observations qui complètent le total portent sur les dispositions à prendre pour sauvegarder, autant que possible, les intérêts particuliers qui pourraient avoir à souffrir de l'extension de la capitale, ou sur des questions secondaires concernant spécialement certaines localités. 200 autres observations ont bien été, il est vrai, consignées dans les premières communes, mais seulement à l'occasion des propriétés situées dans la zone de 250 mètres qui doit être ajoutée au territoire de Paris, bien que se trouvant au delà de la ligne des fortifications.

Toujours est-il, et ce rapprochement frappe vivement le conseil, que la pensée d'étendre Paris jusqu'à l'enceinte fortifiée, en y comprenant une notable partie des communes rurales, n'a soulevé (si ce n'est dans une seule localité) que fort peu d'objections, et que toutes, dans leur ensemble, sont dans une bien faible proportion avec le chiffre de la population des dix-sept communes consultées; celles-ci comptent en effet près de 312,000 habitants et les oppositions absolues ne se sont élevées qu'à 200 (1). Les réclamations qui demandent des tempéra-

(1) Plusieurs à la vérité sont collectives et l'on évalue, pour La Villette, à 1,400, le nombre des personnes qui y ont pris part.

ments pour l'exécution de la mesure ou qui touchent à des questions secondaires ne dépassent guère 600.

Quant aux commissaires-enquêteurs qui ont pu, mieux que personne, apprécier l'esprit des populations, les observations qui étaient présentées, les craintes qui les dictaient, les circonstances qui pouvaient plus ou moins les justifier, ils sont unanimes à dire qu'ils n'ont reconnu aucun motif sérieux de suspendre la mesure projetée. Quelques-uns seulement recommandent à la sollicitude de l'autorité supérieure, l'adoption des dispositions qui pourraient adoucir, pour certaines classes d'intéressés, la transition de l'état actuel à l'état futur.

Enfin les conseils municipaux, représentants permanents des populations et interprètes éclairés de leurs intérêts, se sont rangés, sauf celui de La Villette, à la même opinion. Quelques-uns vont au delà, se félicitent hautement, dans leurs délibérations, du projet, au point de vue de l'intérêt particulier de leur commune; d'autres y applaudissent en songeant à la prospérité générale et aux améliorations importantes qui doivent en résulter.

Pour aider à la comparaison par localité des dires consignés aux enquêtes, le secrétaire met sous les yeux du conseil le dépouillement qu'il en a fait lui-même.

DÉSIGNATION DES COMMUNES.	TOTAUX.	POUR	CONTRE.	AVEC OBSERVATIONS
Auteuil.	38	8	14	16
Passy.	78	26	21	28
Neuilly.	29	»	6	23
Batignolles..	47	7	2	38
La Chapelle.	149	2	27	22 (1)
La Villette.	175	»	99	76
Belleville.	101	»	10	91
Charonne.	37	»	15	22
	654	43	197	316

(1) Plus 98 pour l'érection en commune du territoire resté en dehors des fortifications.

Communes dans lesquelles il ne s'est pas produit d'opposition.		
Clichy...............	pour la zone	21
Montmartre......	....	15
Saint-Ouen.	pour la zone..........	14
Pantin............	pour la zone....	*Mémoire.*
Prés-Saint-Gervais..	pour la zone..... ...	32
Bagnolet.	pour la zone..........	71
Neuilly.	pour la zone..........	60
	Total.......	213

Après cet examen en quelque sorte numérique, le conseil, voulant apprécier la valeur des observations recueillies dans les enquêtes, passe à l'examen des dossiers de chaque commune. Tout naturellement son attention se porte, en premier lieu, sur celui de La Villette, qui a présenté, à elle seule, plus d'oppositions que toutes les autres communes réunies. Ces oppositions émanent principalement de chefs d'établissements industriels, de gros négociants et d'ouvriers qu'ils occupent d'habitude. L'objet de leur effroi commun est la perception des taxes d'octroi qui viendront frapper les matières premières employées par les uns, les marchandises que les autres emmagasinent pour les revendre, soit à Paris, soit au dehors.

Ils exposent que beaucoup d'entre eux seront obligés d'abandonner leur industrie ou leur commerce; les ouvriers redoutent une augmentation dans leurs dépenses journalières, coïncidant avec une réduction de travail; des propriétaires craignent un abaissement de la valeur locative, par suite de l'éloignement des usines. Pour conjurer les effets de l'annexion, beaucoup demandent que la commune tout entière, ou du moins les alentours du bassin de La Villette, soient constitués en entrepôt; d'autres proposent que l'exemption quinquennale s'applique à toutes les matières premières qui entrent dans leur fabrication; enfin, un certain nombre fait remarquer que si quelques usines ou fabriques peuvent, à la rigueur, s'éloigner au delà des fortifications, toute la batellerie et tout le commerce qui se fait aujourd'hui par la voie d'eau au bassin de La Villette, ne peut aussi facilement se transporter ailleurs, et que la position exceptionnelle de la commune sur les bords d'un canal, à proximité des gares de chemins de fer, offre un ensemble merveilleusement approprié à ce genre de négoce, que l'application de l'octroi viendrait rendre impossible. Les plus résignés insistent vivement pour une prolongation de la franchise, qu'ils voudraient voir porter à quinze ou vingt ans.

Le conseil municipal a partagé toutes les appréhensions des réclamants et se joint à eux dans toutes leurs observations.

D'autres dossiers étant également compulsés, on remarque que l'enquête de La Villette résume en quelque sorte les dires les plus importants qui se soient produits dans toutes les localités; ce sont toujours des propriétaires qui craignent une dépréciation de leurs immeubles, des marchands qui redoutent une réduction de bénéfices, des consommateurs qu'effrayent la perspective d'une augmentation dans les frais d'existence, des industriels qui prévoient l'obligation de déplacer leur industrie. Moins absolus toutefois dans leurs prétentions, les habitants des autres communes se bornent, en général, à solliciter des prolongations de délai et l'extension de la faculté d'entrepôt à domicile. Une certaine catégorie de réclamants formule, dans un grand nombre de communes, un grief uniforme, relativement à la zone des servitudes militaires; ils se plaignent que les hésitations de l'ancienne administration, les tolérances momentanées qu'elle leur a accordées, les aient laissés dans la confiance que les règlements sur les servitudes militaires ne leur seraient pas rigoureusement appliqués. Ils gémissent aujourd'hui de l'interdiction qui leur est faite d'entretenir les constructions élevées sur cette zone; ils demandent avec instance que l'État ou la Ville, si cette dernière doit en profiter, en acquière la propriété des détenteurs, et que jusque-là, au moins, les habitants qui y demeurent ne soient pas disjoints des communes *extra-muros* dont ils ont toujours fait partie; beaucoup insistent aussi pour que l'octroi des communes soit le seul appliqué à cette zone.

Ces vœux se sont produits principalement à Aubervilliers, à Pantin, aux Prés-Saint-Gervais, à Charonne, Bagnolet, Clichy, Saint-Ouen, Neuilly.

Enfin, des réclamations d'un autre ordre se sont produites dans plusieurs communes : ce sont celles des officiers ministériels qui ont consigné des observations et des réserves, pour les changements de position que pourront leur imposer les nouvelles circonscriptions.

Aux demandes qu'on peut appeler en quelque sorte générales, parce qu'elles se retrouvent le plus souvent dans plusieurs procès-verbaux d'enquête, il faut ajouter quelques réclamations spéciales à certaines localités : ainsi Billancourt, fraction d'Auteuil, demande à être érigée en commune, au lieu d'être réunie à Boulogne ; il en est de même de la partie de La Chapelle qui est laissée en dehors des fortifications : les habitants croient posséder une étendue de terrain, une population et les ressources pécuniaires suffisantes pour se constituer en commune spéciale ; Passy réclame pour des entreprises de voitures et pour des pensionnats ; Belleville voudrait que les contributions directes qui se trouveraient plus élevées dans les parties annexées qu'elles ne le sont à Paris, fussent réduites dans la proportion de la différence, dès l'année 1860 ; il voudrait qu'au moyen d'un changement de limitation entre le 16ᵉ et le 17ᵉ arrondissement on évitât de séparer en deux la partie centrale de la commune, et d'affecter chaque partie à des centres de population dont elle serait séparée par une grande distance, et des terrains escarpés d'un accès toujours difficile. Enfin, Bagnolet voudrait profiter, aux lieu et place de la commune de Montreuil, du terrain que celle de Charonne laissera en dehors de l'enceinte de Paris.

Le président fait remarquer au conseil qu'il résulte de l'ensemble des documents qui viennent de passer sous ses yeux, que l'extension de Paris jusqu'aux fortifications n'a été combattue nulle part pour la mesure en elle-même, et qu'elle n'a trouvé d'opposants qu'au point de vue des conséquences qu'elle peut avoir sur les intérêts particuliers ; que quelques-uns l'ont repoussée d'une manière absolue, uniquement parce qu'il leur semble impossible d'en adoucir les effets ; que les autres, admettant que l'intérêt individuel doit céder devant l'intérêt général, se bornent à demander qu'en donnant satisfaction à celui-ci, on ménage, autant que possible, le premier. Il serait donc presque superflu de discuter la question de principe qui paraît concédée par toute la population ; il s'agit seulement d'examiner si les difficultés d'application seraient telles qu'elles dussent y faire renoncer. Les craintes des réclamants sont-elles fondées ou ne s'exagèrent-ils pas beaucoup le mal qu'ils ont à redouter ? Les précautions prises par le Gouvernement pour amoindrir les embarras de la transition sont-elles ou non suffisantes ? A cet égard faudra-t-il appuyer quelques-uns des vœux généraux ? Serait-il opportun de s'arrêter à quelques-uns des vœux particuliers ? La discussion, ajoute le président, peut s'ouvrir maintenant sur ces différents points, et il invite les membres du conseil qui voudraient y prendre part à demander la parole.

Quelques courtes explications sont échangées, en effet, entre les membres du conseil qui ne tardent pas à être d'accord sur ce point : que l'extension est une mesure nécessaire, qu'elle était écrite pour un avenir plus ou moins éloigné, le jour même où l'on a construit les fortifications ; que, matériellement, elle eût été moins difficile à exécuter alors qu'elle ne l'est aujourd'hui ; qu'elle le deviendrait de plus en plus, si le Gouvernement en ajournait la réalisation ; qu'ayant été soulevée elle laisserait, sans compensation, en souffrance toutes les positions, si elle ne recevait pas maintenant une solution prompte.

Le conseil convient qu'elle peut et qu'elle doit inévitablement blesser, compromettre même certains intérêts ; mais il en est toujours ainsi de toute mesure générale qui modifie un ordre de choses anciennement établi ; les changements les plus heureux pour les masses ont toujours été plus ou moins funestes à quelques individualités : le progrès n'est malheureusement possible qu'au prix de sacrifices de ce genre. L'extension de Paris jusqu'à la ligne fortifiée, que recommandent d'ailleurs des considérations politiques dans l'examen desquelles le conseil ne croit pas devoir entrer, est une conséquence du développement de la capitale, une des conditions des améliorations de tout genre projetées pour ses abords et des avantages importants dont il convient de doter de nombreuses populations qui se sont agglomérées à ses portes, et qui, par la force même des choses, sont appelées à faire partie de Paris, qu'elles en soient ou non séparées.

Cela admis, quelques membres expriment l'opinion, sans pouvoir rien préciser, qu'il y a lieu par le Gouvernement et la Ville de Paris d'user de la plus grande bienveillance envers toutes les positions qui peuvent être compromises ; ils croient que pour faire accepter l'annexion plus facilement par tous, il conviendrait d'étudier les moyens de venir en aide aux intérêts compromis, d'une manière plus efficace que ne le promet le décret.

D'autres, au contraire, ont la confiance qu'on s'alarme à tort, que les conséquences du projet seront en réalité moins graves qu'on ne le redoute, et qu'il suffit de s'en tenir aux dispositions concertées par le Gouvernement, sans appuyer aucun des vœux généraux des enquêtes ; à plus forte raison, proposent-ils de ne point s'arrêter à ceux de détail, ne voulant pas compliquer l'ensemble du projet par des modifications partielles qui pourraient en changer toute l'économie.

La question de la zone militaire trouve également les conseillers divisés d'opinion : les uns voudraient recommander la position tout exceptionnelle des propriétaires de cette zone à la bienveillance du Gouvernement, et solliciter avec eux que les habitants qui y résident continuent, pour l'administration et pour l'octroi, à faire partie des communes rurales dont ils dépendent.

Suivant l'avis opposé, il faut s'en rapporter au Gouvernement pour le classement de cette population et l'application des taxes d'octroi qu'elle devra subir.

9

Le président propose de passer aux voix sur ces différents points, et le conseil prend successivement les délibérations suivantes :

Sur le premier, le conseil, à l'unanimité, se prononce pour l'extension des limites de Paris jusqu'au mur des fortifications, telle qu'elle est indiquée par le décret du 9 février ;

Sur le second, à la majorité, le conseil émet l'avis qu'il y a lieu, à l'égard des intérêts menacés par l'exécution de la mesure, de s'en tenir aux dispositions proposées dans le même décret, et exprime l'opinion que les habitants de la zone militaire doivent être soumis à la perception de l'octroi de Paris.

En dernier lieu, le conseil, à l'unanimité, laisse à l'autorité supérieure le soin d'apprécier la suite qu'il serait possible et opportun de donner aux vœux particuliers exprimés, soit par quelques communes, soit par des groupes d'intéressés.

Ce dernier vote terminant la mission du conseil, le président déclare close la session extraordinaire et lève la séance, après que le présent procès-verbal a été lu et puis signé par tous les membres présents.

Signé : PITOIS, AUGER, ADAM, Alphonse BOUCHER, A. COTTIN, LEJEUNE, BALAGNY, BLONDEL et baron ROGUET.

PROCÈS-VERBAUX DES DÉLIBÉRATIONS

DU

CONSEIL D'ARRONDISSEMENT DE SCEAUX

(SESSION EXTRAORDINAIRE DE 1859).

L'an mil huit cent cinquante-neuf, le quatorze mars, à une heure et demie de relevée,

Les membres du conseil d'arrondissement de Sceaux se sont réunis à la Sous-Préfecture, pour procéder aux opérations de la session ouverte en exécution de l'article 5 du décret du 9 février 1859, et relative à l'extension des limites de Paris.

Sont présents : MM. Ch. NOUGUIER, DAREAU, DE ROTROU, PETIT-BERGONZ, BLONDEL, THIBOUMERY, AUBERT, MASSIAS et HILLEMAND.

M. le Sous-Préfet assiste à la séance.

La séance étant ouverte, M. le Sous-Préfet donne lecture de l'arrêté du 11 mars courant, de M. le Sénateur, Préfet de la Seine, qui, en conformité des dispositions de la loi du 17 juillet 1852, nomme MM. les président, vice-président et secrétaire du conseil d'arrondissement pour la présente session extraordinaire.

Aux termes de cet arrêté sont nommés :

1° Président, M. NOUGUIER ;

2° Vice-Président, M. DAREAU ;

3° Secrétaire, M. HILLEMAND.

Le bureau étant constitué, M. le Sous-Préfet donne lecture d'un rapport dans lequel, après avoir résumé les enquêtes auxquelles il a été procédé dans onze communes de l'arrondissement, en exécution de l'article 2 du décret impérial, ensemble l'avis : 1° des commissaires enquêteurs ; 2° des commissions syndicales ; 3° et des conseils municipaux desdites communes ; il indique les points principaux sur lesquels devront porter les délibérations du conseil.

Le conseil prend une connaissance approfondie de tous les dossiers, et délibère successivement sur chacune des questions que fait naître son examen.

La délibération n'étant point close, à cinq heures, la séance est levée et continuée au mercredi seize du présent mois, à dix heures et demie du matin.

Et tous les membres présents ont signé après lecture.

Signé : Ch. Nouguier, Massias, Petit-Bergonz, Aubert, de Rotrou, Dareau. Hillemand, Thiboumery, Évariste Blondel.

Et audit jour, seize mars, le conseil de l'arrondissement de Sceaux s'est réuni à dix heures et demie, à l'hôtel de la Sous-Préfecture, sous la présidence de M. Nouguier.

A ce étaient présents tous les membres qui le composent.

M. le Sous-Préfet a assisté également à la séance.

La délibération est reprise, et ensuite de cette délibération, sont arrêtées les résolutions suivantes :

Le Conseil,

1° *En ce qui touche le principe de l'annexion :*

Considérant qu'une semblable mesure, envisagée à son point de vue général, repose tout ensemble et sur une loi en quelque sorte invariable, celle de l'agrandissement progressif des grands centres de population, et sur des considérations d'un ordre supérieur, qu'a rendues plus évidentes et plus impérieuses encore l'exécution autour de Paris d'une enceinte fortifiée ;

Considérant qu'au point de vue restreint de l'arrondissement, cette mesure est encore efficace, d'une part, et pour les fractions annexées, parce que, soumis au régime municipal de la Ville de Paris, elles lui seront assimilées pour ses charges, sans doute, mais aussi pour les avantages de toute nature que comporte ce régime ; d'autre part, et pour les fractions laissées en dehors, parce que, plus rapprochées de Paris, elles ressentiront plus tôt et plus heureusement les effets de cette force d'expansion qui rayonne autour de la capitale, en apportant partout où elle pénètre et le mouvement et la vie ;

Que la certitude de pareils résultats ressort clairement des enquêtes elles-mêmes, puisque la grande majorité des commissaires-enquêteurs, des commissions syndicales et des conseils municipaux adhère au principe de l'annexion, et que, sur 1,230 dires inscrits aux enquêtes, 1,145 y adhèrent également, les uns sans restrictions, les autres avec certaines réserves qui vont être appréciées, tandis que 85 seulement s'y opposent ;

Émet l'avis qu'il y a lieu d'admettre en principe le projet d'annexion.

2° *En ce qui touche le point de savoir si l'annexion doit être immédiate, ou si, au contraire, elle doit être ajournée quant à sa mise à exécution :*

Considérant qu'un ajournement, pendant une période de temps plus ou moins longue, serait éminemment fâcheux ; qu'en effet, en laissant en suspens, pendant toute cette période, la situation de fait des communes suburbaines, il les placerait dans un état d'indécision qui s'opposerait au libre essor des transactions et y frapperait d'une sorte d'immobilité la valeur de la propriété foncière elle-même ;

Émet l'avis que l'annexion soit immédiate.

3° *En ce qui touche l'extension à donner à l'annexion :*

Considérant qu'en comprenant dans l'annexion la zone militaire de 250 mètres, le décret impérial ne fait qu'appliquer la loi résultant pour cette zone de sa destination spéciale et de la force même des choses ; que cette zone est en effet l'annexe nécessaire et indivisible des ouvrages militaires de l'enceinte continue ;

Émet l'avis que ladite zone soit maintenue dans l'annexion.

4° *En ce qui touche les réclamations tendant, soit à l'expropriation immédiate des terrains compris dans ladite zone, soit au moins, et au cas où il n'y aurait pas d'expropriation immédiate, à la concession d'une indemnité en faveur des propriétaires desdits terrains :*

Considérant que la mesure projetée ne modifie en rien, en ce qui concerne la servitude dont il s'agit, l'état de choses, tel que l'a fait la législation existante ;

Que, conséquemment, soit que la zone reste dans les communes où elle se trouve aujourd'hui, soit qu'elle en soit distraite pour être réunie à Paris, cette servitude ne sera ni diminuée, ni aggravée, et continuera à être réglée par la loi du 3 avril 1841 ; que, dès lors, et en tant qu'il s'agit de la mesure de l'annexion, les réclamations ci-dessus manquent d'opportunité ;

Émet l'avis qu'il n'y a point à s'arrêter, quant à présent, à ces réclamations à l'occasion desquelles toutefois le conseil croit pouvoir rappeler les délibérations qu'il a prises les 28 juillet 1855, et 30 juillet 1856, et dont expédition est ci-annexée (1);

5° *En ce qui touche les divers points de savoir : 1° si la zone étant réunie à Paris, il convient de l'exempter de l'octroi ; et 2° si, en supposant qu'elle doive être soumise à l'octroi, elle doit y être assujettie au profit de Paris, ou au profit des communes dans lesquelles elle se trouve actuellement :*

Considérant que ces questions naissent de la disposition du décret, portant dans un article 1er, § 4 :

« A partir du 1er janvier 1860, le régime de l'octroi sera étendu jusqu'au mur « d'escarpe de l'enceinte fortifiée. »

Qu'une semblable disposition ne doit pas être prise à la lettre, et qu'il faut l'entendre comme comprenant en même temps la zone de 250 mètres, à raison de ce caractère d'annexe indivisible et nécessaire qui lui a été assigné ci-dessus ;

· Qu'il est certain, dans tous les cas, qu'une exemption absolue de l'octroi ne serait point raisonnable, et que, d'un autre côté, il serait plus déraisonnable encore d'établir l'octroi au profit des communes suburbaines, alors que la zone fera partie de la ville de Paris, et que toutes les dépenses municipales qu'elle entraînera seront à la charge de cette ville ;

Émet l'avis qu'il y a lieu de modifier, sinon dans son esprit, du moins dans sa rédaction, l'article 4 du décret ci-dessus visé, en disant que le régime de l'octroi de Paris sera étendu jusqu'à la limite extérieure de la zone.

6° *En ce qui touche les réclamations tendant, au cas d'annexion, à la suppression de l'octroi dans la ville de Paris tout entière, avec substitution de divers modes d'impôts indiqués :*

Considérant que la suppression de l'octroi serait une cause de ruine pour la Ville de Paris; que, d'un autre côté, la substitution à cette source de revenus de tous les modes proposés jusqu'à ce jour serait écrasante pour les contribuables, et qu'il y aurait dès lors plus que de l'imprévoyance à appuyer une semblable proposition :

Considérant d'ailleurs que la révision des voies et moyens dont dispose aujourd'hui la Ville de Paris pour subvenir à ses dépenses, touche à des intérêts géné-

(1) Ces deux délibérations, dont une expédition a été jointe au dossier général de l'annexion, expriment le vœu que des indemnités soient accordées aux propriétaires, industriels et commerçants lésés par l'application de la servitude défensive à la zone de 250 mètres.

raux essentiellement complexes, d'un ordre plus absolu et plus élevé que la question spéciale en débat, et que, dès lors, il ne saurait y avoir convenance pour les communes et le conseil d'arrondissement à s'immiscer, par voie de proposition incidente, dans l'examen d'une semblable révision ;

Émet le vœu qu'il y a lieu de rejeter les réclamations ci-dessus.

7° En ce qui touche les réclamations tendant à obtenir, pour un temps plus ou moins long, l'exemption de l'octroi de Paris, et la sortie en franchise, pendant le même laps de temps, des marchandises tant en nature que fabriquées :

Considérant que la Ville de Paris supportera, à partir du jour même de l'annexion, toutes les charges municipales qui doivent en être la conséquence ; que ces charges seront très-considérables, surtout dans les premières années, à raison de la nécessité où se trouvera la Ville de mettre, sous tous les rapports, l'état matériel des communes annexées en harmonie avec celui des autres quartiers de la capitale ; qu'en même temps et dès le premier jour se produiront, pour les communes annexées, les avantages de l'annexion ; qu'il serait dès lors souverainement injuste de séparer, par un trait de temps plus ou moins considérable, les charges des avantages ;

Émet le vœu qu'il y a lieu de conserver, comme point de départ, de la perception de l'octroi, celui que détermine l'art. 1er, § 4 du décret, c'est-à-dire le 1er janvier 1860.

8° En ce qui touche les réclamations élevées à l'occasion de l'immunité accordée par l'art. 7 et pendant cinq années aux usines employant la houille, lesdites réclamations consistant, d'une part, dans la demande d'une prorogation du temps d'exemption, d'autre part, dans la demande d'une même exemption pour d'autres matières telles que le bois, le charbon, etc. :

Considérant, sur le premier point, que cette disposition, toute de faveur pour les grands établissements industriels, paraît sagement limitée, eu égard aux intérêts légitimes de la Ville de Paris, qui ajourne ainsi la perception d'une partie de ses ressources futures, alors qu'elle n'ajourne point les charges correspondantes, eu égard aussi aux intérêts non moins légitimes des industries rivales pour lesquelles il importe de rétablir, le plus promptement possible, l'égalité dans la situation de tous les établissements de Paris ; que, d'un autre côté, en ajoutant à cette exemption pour l'octroi, l'exemption (et encore pour cinq ans) de l'excédant des contributions directes, la transition paraît avoir été équitablement ménagée ;

Considérant, sur le second point, qu'en restreignant l'immunité dont il s'agit à la houille, par le motif que seule elle est employée dans les grands établissements industriels, le décret paraît encore s'être renfermé dans une saine appréciation des divers procédés réellement pratiqués par la grande industrie et dans une juste mesure de facilités qu'il convient d'accorder ;

Émet l'avis de maintenir, sans extension aucune, la disposition de l'art. 7 précité.

9° *En ce qui touche la faculté d'entrepôt accordée par l'article 1er, § 5, au profit des établissements privés affectés au commerce en gros des matières et denrées soumises dans Paris aux droits d'octroi:*

Considérant que la limite de cinq ans paraît vainement critiquée ; que ce laps de temps semble suffisant pour donner aux commerçants qui en auront le profit les moyens de modifier, sans secousse, les habitudes et la manière d'être de leur maison, de l'assimiler aux maisons de même genre, actuellement existantes à Paris, et de rentrer ainsi, sans trop de délai, dans les dispositions prohibitives, relativement à Paris, des lois des 28 avril 1816 et 28 juin 1833 ;

Émet l'avis de maintenir, sans extension, la disposition de l'art. 1er, § 5, précité.

10° *En ce qui touche la faculté d'entrepôt accordée par l'article 5, § 3, aux grands établissements consacrés au commerce en gros de vins, eaux-de-vie, bières et cidres:*

Considérant que tous les commerçants en gros et un grand nombre de propriétaires de la commune de Bercy ont demandé (au cas où l'annexion aurait lieu, malgré l'unanimité de leurs protestations), diverses modifications aux dispositions transitoires projetées, et notamment : 1° qu'on transformât en un vaste entrepôt réel, soit une grande partie de l'emplacement actuellement occupé par les maisons et les caves louées au commerce des vins, soit la zone du parc de Bercy, s'étendant entre le chemin de fer de Lyon et la Seine ; 2° qu'on accordât du moins la faculté d'entrepôt d'une manière indéfinie et sans limite de temps; 3° enfin, qu'on augmentât notablement la durée de cette faculté d'entrepôt, si une limite de temps paraissait indispensable ;

Considérant que si les plaintes des propriétaires et commerçants de Bercy sont fondées, quand l'annexion peut avoir pour conséquence l'anéantissement de l'un des principaux marchés de France ; que si, dès lors, les dommages qu'ils redoutent semblent les menacer sérieusement, et si, à ces divers titres, leur situation se recommande d'une manière toute particulière à la bienveillante sollicitude et à la haute équité de l'Administration supérieure, il ne paraît pas que les considérations sur lesquelles ils s'appuient doivent conduire à une modification plus ou moins radicale des dispositions du décret ;

Considérant en effet et sur le premier point, que la proposition de l'établissement à Bercy d'un entrepôt réel, se présente sans avoir été étudiée avec la maturité qu'elle comporte; que la dépense à laquelle elle entraînerait serait énorme; qu'en l'état, cette dépense doit faire considérer la réalisation d'un semblable projet comme impossible, sauf à l'Autorité supérieure à s'en préoccuper dans les limites de ce qui convient et en vue de ce qui importe au développement de l'une de nos grandes richesses agricoles et de l'une des branches importantes de notre commerce international;

Considérant que la proposition subsidiaire d'une faculté d'entrepôt indéfini et sans limite de temps, est également impossible, puisqu'elle tendrait à éterniser en quelque sorte une situation anormale, dans laquelle les intérêts de l'octroi seraient toujours imparfaitement sauvegardés, et qui entacherait la législation spéciale à la ville de Paris d'une exception transformée en règle, d'un privilége transformé en droit;

Considérant enfin, et sur le troisième point, que le décret, loin de repousser toute pensée d'extension à la durée de la faculté d'entrepôt, l'a expressément admise, en disant en termes formels qu'elle pourrait être autorisée; qu'il donne ainsi le droit à l'Administration (quand elle se sera éclairée des lumières acquises par une expérimentation de cinq années) de prendre, soit par l'extension de la durée de l'entrepôt, soit par tout autre mode, les moyens les plus efficaces de protection pour le commerce et pour la propriété foncière, à Bercy;

Émet l'avis qu'il y a lieu, tout en recommandant d'une manière spéciale à l'attention de l'Administration supérieure, la situation, à Bercy, de la propriété foncière et du commerce, de maintenir dans son entier le dernier paragraphe de l'article 5 précité.

11° *En ce qui touche les réclamations tendant à demander qu'une fois l'annexion effectuée, la zone militaire soit transformée en un vaste boulevard extérieur entourant dans tout son parcours l'enceinte fortifiée :*

Considérant qu'une telle entreprise, à raison de l'étendue si considérable du parcours indiqué et des dépenses plus considérables encore qui seront la conséquence des expropriations nécessaires, est une œuvre sur laquelle il n'est point possible de provoquer efficacement l'Administration supérieure; qu'il convient au contraire de s'en remettre exclusivement à son initiative, en insistant toutefois pour que les voies extérieures nouvelles, nécessaires à faire communiquer entre elles, en dehors du nouvel octroi, les populations de la banlieue, soient ouvertes le plus promptement possible;

10

Émet l'avis qu'il y a lieu de réduire à ces termes, mais en y insistant, les réclamations ci-dessus.

12° *En ce qui touche les réclamations tendant à ce que les portions de communes non annexées, notamment celles qui resteront de la commune actuelle de Montrouge, soient exonérées, après l'annexion, de toutes les dettes actuellement contractées :*

Vu l'article 1er, n° 9, du décret, ledit article portant :

« Les dettes des communes supprimées, qui ne seraient pas couvertes par
« l'actif et les ressources propres à ces communes au moment de leur suppression,
« seront acquittées par la Ville de Paris. A l'égard des communes dont une partie
« seulement est annexée à Paris, un décret réglera le partage de leurs dettes et
« de leur actif mobilier et immobilier. »

Considérant que ce règlement proportionnel de l'actif et du passif des communes ainsi fractionnées, est plus équitable que l'exonération entière qu'on sollicite pour elles ; qu'elles peuvent d'ailleurs s'en remettre à cet égard à l'appréciation de l'Administration supérieure et du chef de l'État ;

Émet l'avis qu'il n'y a pas lieu de s'arrêter à cette réclamation.

13° *En ce qui touche les réclamations des notaires et des greffiers de l'arrondissement :*

Considérant que la mise à exécution de l'annexion modifiera profondément les circonscriptions notariales, en modifiant celles des justices de paix ;

Que ces modifications atteindront par suite, dans l'importance de leur office plusieurs des titulaires actuels ;

Que les notaires qui éprouvent ces dommages sollicitent, non une indemnité pécuniaire, mais qu'il soit pris des mesures pouvant les dédommager ; soit par exemple qu'on rétablisse pour eux, avec le titre que leur donnait la loi des 29 septembre-6 octobre 1791 (notaires pour le département de la Seine), le droit d'instrumenter, conformément à cette loi, dans toute l'étendue du département ; soit qu'on les autorise à instrumenter en même temps, et dans ce qui leur sera laissé de leur circonscription actuelle, et dans l'arrondissement de Paris, auquel la partie annexée se trouvera réunie, soit enfin qu'on les autorise à instrumenter dans cette partie de leur circonscription, comme si l'annexion n'avait pas eu lieu ;

Que les greffiers sollicitent, les uns une indemnité en argent, indemnité qui serait supportée par les titulaires des greffes des nouvelles justices de paix ; les autres, qu'on leur accorde l'autorisation de changer leur greffe contre l'un des nouveaux greffes à créer ;

Considérant que si ces réclamations paraissent fondées, il n'appartient pas au conseil de s'expliquer sur la mesure dans laquelle elles doivent être prises en considération, et encore moins sur le mode de dédommagement qu'il convient de préférer pour y faire droit ; que les modes indiqués se rattachent à un remaniement nécessaire pour rentrer dans les prescriptions des lois organiques du notariat, et comportant, relativement aux greffiers, une appréciation d'indemnité à fixer, ou une appréciation des personnes, relèvent du Gouvernement, auquel il convient de s'en remettre d'une manière exclusive ;

Émet le vœu qu'il y a lieu de reconnaître, en principe, le bien fondé des réclamations ci-dessus visées, sauf au Gouvernement à aviser, dans tels termes et dans telles conditions de dédommagement qu'il jugera convenable ;

14° *En ce qui touche les vœux émis par le conseil municipal de Saint-Mandé, avec l'adhésion écrite d'un grand nombre de ses habitants, ainsi que par la commission syndicale et le conseil municipal de Montrouge ; lesdits vœux tendant à la révision des circonscriptions communales et cantonales :*

Considérant que la nécessité de cette révision ressort de la force même des choses, et du démembrement attesté par la simple inspection du plan, auquel l'annexion soumettra certaines communes ou certains cantons ;

Considérant en outre que cette révision a un caractère de véritable urgence, les communes démembrées ne pouvant attendre longtemps, sans préjudice pour leur administration et leurs intérêts, le complément qui leur sera nécessaire ;

Est d'avis que le travail de révision ci-dessus doit être l'une des conséquences immédiates de la mise à exécution de l'annexion, et en conséquence, émet le vœu que le conseil d'arrondissement et le conseil général en soient saisis dès leur première session.

15° *Enfin, et en ce qui touche les diverses réclamations de détail, qui, sans s'adresser à la substance même de la mesure proposée, sollicitent des dispositions définitives ou transitoires, à l'effet de rendre moins onéreuse et plus facile l'application du nouveau régime :*

Considérant que quelques-unes ont reçu, par voie implicite, leur solution ; que d'autres n'ont pas assez d'importance pour devenir l'objet d'une appréciation particulière ;

Que toutes, enfin, peuvent se reposer avec confiance sur le soin avec lequel toutes les plaintes seront pesées et tous les dommages réparés au moment de la mise à exécution de la réunion effective avec Paris des territoires suburbains qui doivent lui être incorporés ;

Émet l'avis qu'il y a lieu, à cet égard, de s'en remettre, sauf mention spéciale, à la haute sollicitude du Gouvernement.

Et la matière en délibération étant épuisée, le président a levé la séance et a déclaré close la présente session.

Ont signé au registre : MM. Ch. Nouguier, Dareau, de Rotrou, Massias, Blondel, Petit-Bergonz, Aubert, Thiboumery et Hillemand, secrétaire.

MÉMOIRE

PRÉSENTÉ PAR

LE SÉNATEUR PRÉFET DE LA SEINE

A LA

COMMISSION DÉPARTEMENTALE

(Session extraordinaire de 1859).

MESSIEURS,

L'instruction du projet d'extension des limites de Paris touche à son terme : vous êtes appelés à la clore par votre avis, en exécution de l'article 6 du décret du 9 février dernier.

J'ai l'honneur de mettre sous vos yeux : 1° les registres d'enquête, sur lesquels ont été consignées les observations présentées dans les mairies des douze arrondissements de Paris et dans celles des autres communes intéressées par la mesure, au nombre de 28, et les dires qui ont été séparément formulés par quelques personnes; 2° les analyses faites et les opinions exprimées par les commissaires-enquêteurs; 3° les avis des commissions syndicales formées dans chacune des sections de communes embrassées par la nouvelle enceinte de la ville; 4° les délibérations du Conseil municipal de Paris et des conseils municipaux, assistés des plus imposés, des 28 autres communes; 5° celles des conseils d'arrondissements de Saint-Denis et de Sceaux; 6° divers autres documents, cartes et tableaux, propres à éclairer vos délibérations.

Le projet que vous avez à examiner, Messieurs, porte les nouvelles limites de
Paris jusqu'à la ligne extrême de la zone des servitudes défensives, qui entoure les
ouvrages de l'enceinte fortifiée. Il doit avoir pour effet de réunir à la capitale de
l'Empire, dont la surface totale n'est aujourd'hui que de 3,402 hectares, un territoire d'environ 5,100 hectares, savoir : 3,800, compris dans l'enceinte fortifiée ;
600, couverts par les ouvrages militaires, ou s'y rattachant, et 700, occupés par la
zone des servitudes défensives. Il entraîne la suppression complète de 11 communes : Auteuil, Passy, les Batignolles-Monceaux, Montmartre, La Chapelle,
La Villette, Belleville, Charonne, Bercy, Vaugirard et Grenelle. Il retranche des
sections très-considérables aux communes de Neuilly, les Prés-Saint-Gervais,
Saint-Mandé, Ivry, Gentilly et Montrouge, et des parcelles plus ou moins étendues,
mais beaucoup moins importantes, aux communes de Clichy, Saint-Ouen, Aubervilliers, Pantin, Bagnolet, Vanves et Issy. Enfin, il attribue aux communes de
Boulogne, Clichy, Saint-Ouen, Saint-Denis, Aubervilliers, Bagnolet, Montreuil et
Charenton, de petites parcelles des communes supprimées, qui sont situées au
delà des limites de la zone des servitudes défensives.

Considérablement réduits par suite de ces dispositions, les arrondissements de
Saint-Denis et de Sceaux, dont le premier égale en population le plus grand nombre
des départements de l'Empire, et le second dépasse le chiffre de plusieurs des
moindres (1), conserveront, l'un 29 communes, qui comptaient déjà 103,930 âmes,
lors du recensement de 1856, et l'autre, 40 communes, qui figurent pour 91,665
âmes dans les résultats du même recensement (2). Ils resteront donc au rang des
arrondissements les plus considérables, sinon par l'étendue, au moins par le chiffre
de la population et par la somme des intérêts qu'ils renfermeront encore (3).

---

(1) L'arrondissement de Saint-Denis avait 356,034 âmes, et celui de Sceaux, 197,039, en 1856. Or, à cette époque, les
Hautes-Alpes n'en comptaient que 129,556 ; la Lozère, 140,819, les Basses-Alpes, 149,670, et les Pyrénées-Orientales, 183,056.

(2) Voici la division de ces chiffres par cantons :

ARRONDISSEMENT DE SAINT-DENIS :

Canton de Courbevoie..	25,553	
Id. Neuilly...	33,770	103,932.
Id. Pantin..	15,108	
Id. Saint-Denis.....................................	29,492	

ARRONDISSEMENT DE SCEAUX :

Canton de Charenton..	21,754	
Id. Sceaux...	24,038	91,665.
Id. Villejuif..	23,174	
Id. Vincennes......................................	22,690	

(3) En 1856, 191 arrondissements sur 363, qui composent les 86 départements de l'Empire, avaient une population moindre
que la population réduite de l'arrondissement de Sceaux.

D'ailleurs, l'augmentation de la population du département de la Seine, qui n'a pas été moindre de 21 p. %, de 1851 à 1856, pour tout le département, n'a produit que 11 p. % dans Paris, tandis qu'elle a donné 63 p. % dans la banlieue suburbaine, et 31 p. % dans la banlieue extérieure. Celle-ci, loin de voir décroître le mouvement ascensionnel dont elle a déjà profité dans une si forte proportion, et qui ne paraît pas s'être ralenti depuis trois ans, le verra probablement surexcité en sa faveur par l'application du tarif de l'octroi de Paris à la banlieue suburbaine. Il est donc présumable qu'elle retrouvera, dans un bref délai, au moins une partie de l'importance que la mesure projetée doit lui retirer tout d'abord. Cela explique le peu d'émotion causé par le projet dans la généralité du département, et l'adhésion unanime qu'y ont donnée les représentants des arrondissements de Saint-Denis et de Sceaux.

Il vous appartient maintenant, Messieurs, comme organes du département entier, de résumer et de dominer la solennelle enquête qui a été faite sur le système et les détails de ce projet; d'apprécier la convenance de chacun des changements de circonscriptions administratives qu'il comporte; d'examiner les conditions auxquelles ces changements doivent être soumis; de tenir compte des intérêts divers engagés dans la mesure; de les peser successivement tous, intérêts généraux, intérêts municipaux, intérêts privés, collectifs ou individuels; enfin, de formuler une opinion motivée, à laquelle votre situation même ne peut manquer de donner une grande valeur, mais dont les consciencieuses études, qui précèdent toutes vos délibérations, augmenteront certainement encore l'autorité.

I.

Les motifs supérieurs qui commandent l'annexion immédiate de la banlieue suburbaine à Paris ont été déduits avec une telle évidence dans le Rapport à l'Empereur, qui précède le décret du 9 février dernier, qu'il serait superflu d'en renouveler l'exposé. Ils ont d'ailleurs été parfaitement compris, comme l'enquête même en fait foi : peu de personnes ont essayé d'en contester la force; presque partout, au contraire, on a reconnu que Paris, siège du Gouvernement, gardien des destinées de la France, astreint à un régime administratif bien ordonné, doté de voies larges, qui assurent tout à la fois le bien-être privé et la tranquillité publique, surveillé avec une sorte de luxe dans toutes ses parties, ne peut demeurer plus longtemps enveloppé d'une ceinture compacte de faubourgs, livrés à plus de vingt administrations diverses, construits au hasard, couverts d'un réseau inextricable de voies publiques étroites et tortueuses, de ruelles et d'impasses, où s'accumulent avec une rapidité prodigieuse des populations nomades, sans lien réel avec le sol et sans surveillance efficace.

Un certain nombre d'oppositions, éparses et modérées dans presque toutes les communes, groupées et vives dans trois ou quatre, et dépassant, dans une seule, la mesure convenable, se sont produites au nom d'intérêts industriels et commerciaux, les seuls qui, en définitive, paraissent être engagés dans la question. Cependant, la plupart des opposants admettent que des raisons de l'ordre le plus élevé puissent rendre nécessaire l'annexion à Paris des territoires compris entre le mur d'octroi et l'enceinte fortifiée, et se réduisent à demander, avec plus ou moins d'habileté d'argumentation, des tempéraments, des exemptions, des priviléges.

Le principe de la mesure a obtenu l'adhésion unanime des hommes impartiaux, considérables, éclairés, qui avaient été chargés des fonctions de commissaires-enquêteurs.

Parmi les conseils municipaux des 11 communes qui doivent être supprimées, ceux de Passy, de Batignolles-Monceaux, de Montmartre, de La Chapelle, de Belleville, de Charonne, se rangent au même avis ; celui de Grenelle reconnaît également que les intérêts particuliers doivent fléchir devant l'intérêt général ; celui de Vaugirard ne demande, en fin de compte, qu'un délai de quelques années ; celui de Bercy, tout en émettant un vœu contraire au projet, s'en arrange dans l'espoir que le Gouvernement prendra en grande considération les convenances de son commerce spécial ; ceux d'Auteuil et de La Villette, seuls, protestent d'une manière absolue contre le projet.

Le premier a exprimé son avis dans de singulières conditions. Des 5,000 habitants de la partie d'Auteuil, qui est située en deçà des fortifications, 14 seulement ont parlé dans l'enquête contre le principe de la mesure. Des 44 personnes qui devaient siéger, soit comme conseillers municipaux, soit comme plus imposés, dans l'assemblée municipale, 14 seulement, au nombre desquels figuraient plusieurs des opposants de l'enquête, ont formé la majorité opposée au projet ; 10 ont émis un vote approbatif ; 20 étaient absents, c'est-à-dire indifférents, sinon favorables. L'avis exprimé, au nom d'Auteuil, est donc celui d'une imperceptible mais très-active minorité.

J'examinerai à part les actes et les dires qui se sont produits à La Villette.

Treize autres communes, comprises, pour une section plus ou moins grande de leur territoire, dans l'enceinte des fortifications ou dans la zone des servitudes défensives, et, par conséquent, dans le périmètre de Paris agrandi, conserveront, pour l'autre section, leur existence municipale indépendante.

Celles qui ne livrent qu'une surface de peu d'étendue, Aubervilliers, Bagnolet, Clichy, Pantin, Saint-Ouen, Vanves, adhèrent, par l'organe de leurs conseils municipaux et de leurs plus imposés, à l'ensemble du projet.

Celles dont une partie plus considérable sera distraite, Gentilly, Issy, Ivry, Montrouge, Neuilly, les Prés-Saint-Gervais, Saint-Mandé, ont été doublement représentées : d'abord, l'avis distinct des sections à réunir a été exprimé par des commissions syndicales ; puis, les vœux des communes entières ont été émis par les conseils municipaux et les plus imposés. A Issy et à Ivry, les commissions syndicales, sans combattre précisément la mesure en elle-même, voudraient en annuler les effets, en considération des intérêts privés qu'elle peut froisser. A Montrouge, l'assemblée municipale en demande l'ajournement. A Saint-Mandé, la commission syndicale exprime un avis à peu près semblable. Partout ailleurs, l'adhésion est universelle.

Les quatre communes, Saint-Denis, Boulogne, Charenton et Montreuil, dont les circonscriptions, loin d'être diminuées, s'agrandiront, au contraire, de quelques portions de territoire laissées, par des communes supprimées, en dehors de l'enceinte de Paris, donnent au projet leur assentiment pur et simple.

Malgré les charges considérables dont se trouvera grevé le budget de Paris, par suite de l'extension de ses services aux territoires de la banlieue suburbaine, le Conseil municipal de cette ville n'a pas hésité à promettre, dans sa remarquable délibération du 11 mars présent mois, un entier concours au Gouvernement de l'Empereur, pour l'accomplissement de la mesure proposée, dont il a reconnu tout à la fois la nécessité, l'urgence et les conséquences favorables aux classes pauvres ; car elle aura pour effet, suivant lui, non-seulement de placer les populations annexées sous une administration homogène, et d'améliorer leur situation matérielle, mais aussi de leur assurer, dans une plus large proportion, les bienfaits de l'assistance publique, et d'élever leur situation sous le rapport de la religion et de l'instruction primaire.

Enfin, comme je l'ai déjà énoncé, les conseils d'arrondissements de Saint-Denis et de Sceaux se prononcent à l'unanimité pour l'extension des limites de Paris dans des délibérations fortement motivées, aux termes desquelles cette grande mesure d'administration intérieure est dictée par l'intérêt public, conforme à la nature des choses et aux lois de l'histoire des grands centres de population, prévue d'ailleurs pour un avenir plus ou moins éloigné, le jour où l'enceinte

11

des fortifications s'est construite, inévitable aujourd'hui, et désirable même pour ceux dont elle trouble provisoirement la position et les affaires industrielles; car elle tempère, par des ménagements pleins de sollicitude, et compense, par d'incontestables bienfaits, les inconvénients passagers qu'elle entraîne, tandis qu'un simple ajournement laisserait en souffrance, sans compensation, tous les intérêts privés qui réclament.

Ainsi, à part quelques points et un petit nombre de personnes et de corps administratifs, le résultat de l'instruction du projet soumis à l'enquête est un acquiescement de la population que le Gouvernement avait conviée à manifester ses sentiments et ses vœux.

Douze cent mille âmes, domiciliées dans l'ancienne enceinte de Paris, quatre cent mille, répandues dans les communes suburbaines, étaient intéressées dans ce projet, qui tend à les réunir en une seule cité. Du sein de cette foule immense, il n'est sorti que 395 protestations, dont 99 portant 1,473 signatures, dans la seule commune de La Villette, et 296, signées par 389 personnes seulement, dans les autres communes, celle de Paris comprise ; 2,157 individus ne se sont présentés dans les mairies que pour demander des modifications plus ou moins essentielles aux dispositions proposées; 486 se sont dérangés pour formuler une adhésion absolue que plus d'un million et demi d'habitants donnaient par leur abstention et leur silence.

J'ai dit que les oppositions, ou même les suggestions d'amendements, se concentrent presque toutes dans un très-petit nombre de localités, où existent des usines et des maisons de commerce, dont la perception des droits d'octroi viendra déranger les opérations et réduire les bénéfices. Sans les réclamations de cet ordre, on serait en droit d'affirmer que le dessein de donner à Paris ses vraies limites est accueilli par cette approbation unanime que rencontrent ordinairement en France, et surtout à Paris, les grandes pensées, les décisions vigoureuses, inspirées au Souverain par l'amour et la profonde intelligence du bien public.

II.

Un tel résultat causera peut-être bien des étonnements. Toutes les fois que la question du déplacement de la ligne d'octroi s'est agitée, les adversaires de l'extension des limites de Paris n'ont jamais manqué de chercher leur principal argument dans l'intérêt des consommateurs peu aisés : les uns, habitants de Paris, mais accoutumés, disait-on, à prendre le plus souvent possible leurs repas hors des barrières, afin de payer le vin moins cher ; les autres, domiciliés dans les communes limitrophes, mais uniquement, suivant les mêmes personnes, à cause de la notable et quotidienne économie que leur procurerait l'exemption des taxes de l'octroi parisien. On se plaisait donc à répéter que l'annexion de la zone suburbaine serait particulièrement préjudiciable à la masse du peuple, et qu'on le verrait bien dans l'enquête, par l'origine, le caractère et le nombre formidable des protestations.

Une étude approfondie des faits avait démontré à mon Administration que cette supposition reposait sur une erreur entretenue par des préjugés anciens et propagée par des intérêts privés. Dans la réalité des choses, les ouvriers et les autres habitants peu fortunés de la banlieue suburbaine, aussi bien que les personnes domiciliées dans Paris, qui affluent une ou deux fois par semaine dans les restaurants et les débits de vins établis au delà des barrières, n'ont rien à perdre à l'extension des limites de Paris ; la plupart d'entre eux y trouveront, au contraire, un certain avantage.

Il importe d'abord de remarquer, en ce qui concerne les ouvriers, que beaucoup ont leur habitation d'un côté de la barrière, et trouvent leur travail et leur repas de l'autre. Un grand nombre, logés au dehors, entrent tous les matins dans Paris, et n'en sortent que le soir ; d'autres, demeurent dans les faubourgs intérieurs de la ville, et vont passer leurs journées dans les gares extérieures des chemins de fer, dans les chantiers de construction que, depuis quelques années, la banlieue voit s'élever de toutes parts, dans les nombreuses usines, dans les ateliers divers qu'elle renferme. Il semble qu'en choisissant son domicile dans Paris ou hors barrières, l'ouvrier soit préoccupé principalement du taux de son loyer, et demeure convaincu du peu d'influence de ce choix sur le prix des denrées qu'il consomme isolément ou en famille.

Et, en effet, le principal objet de consommation frappé par les tarifs d'octroi, le vin, acheté au détail, comme il l'est par tous ceux qui vivent de salaires quotidiens, coûte à peu près aussi cher au delà qu'en deçà des barrières.

Chaque litre, à l'entrée dans Paris, supporte une perception constante de 20 centimes 6/10es, dans laquelle sont confondus le droit d'entrée revenant au Trésor-Public et la taxe d'octroi revenant à la Ville.

Chaque litre, débité dans un restaurant ou dans tout autre établissement analogue de la banlieue, paye, outre le droit d'entrée perçu par le Trésor-Public et la taxe de l'octroi local, un droit de détail de 15 p. % *ad valorem*, accru de 2 décimes, soit de 18 p. % ; d'où il résulte que la différence du prix des boissons ainsi consommées dans Paris et au dehors est presque insensible, surtout dans les temps de cherté. Elle s'abaisse parfois alors à 3 centimes et même au-dessous, pour certaines communes, comme on l'a vu en 1855, par exemple. Si elle est ordinairement appréciable, c'est que l'économie s'obtient aux dépens de la valeur de la marchandise, dont la qualité, comme je l'ai déjà fait remarquer au Conseil municipal de Paris, n'est pas soumise à la surveillance du service de la dégustation, dans les communes suburbaines.

Quand on recherche de quelles charges nouvelles l'octroi de Paris grèvera la population peu aisée de la banlieue annexée à la ville, non plus seulement pour le vin acquis au détail, mais pour l'ensemble des consommations comprises dans le tarif parisien, on trouve, ainsi que l'a montré M. le Ministre de l'Intérieur, que la surtaxe moyenne, par individu, sera beaucoup moins considérable qu'on ne le supposait en général jusqu'à présent.

En divisant, par le chiffre de la population, le produit des droits perçus aux barrières de Paris, on arrive à une moyenne de 53 fr. 08, qui profite au Trésor, pour 14 fr. 11, et à la Caisse municipale, pour 38 fr. 97. Une moyenne, également déduite du produit des perceptions indirectes faites dans les communes suburbaines et du chiffre de leur population, donne, par individu, 28 fr. 81, savoir : 22 fr. 39, pour les droits du Trésor, et 6 fr. 42 seulement, pour les droits d'octroi. La différence des deux quotients obtenus est 24 fr. 27 (1).

Mais, d'abord, pour mesurer exactement le poids dont l'octroi de Paris pèse sur les ménages peu aisés, les seuls qui soient réellement en cause, il importe de ne point tenir compte des consommations de luxe ou exclusivement à l'usage de l'industrie, auxquelles évidemment ces ménages ne participent pas. Toute défalcation faite, on ne trouve plus que 26 fr. 37, au lieu de 38 fr. 97, pour la moyenne des droits d'octroi à Paris. En y réunissant la moyenne des droits d'entrée, on a pour total 40 fr. 48, au lieu de 53 fr. 08, et la différence à l'avantage de la banlieue suburbaine tombe de 24 fr. 27 à 11 fr. 67.

D'un autre côté, le nombre des habitants de Paris, indiqué par le recensement officiel, ne comprend pas la population flottante proprement dite, la foule des voyageurs, venus des départements ou de l'étranger, pour passer quelques jours

---

(1) J'ai dû prendre, pour bases de ces calculs, les produits des octrois en 1856, parce que les seuls chiffres officiels de la population sont ceux qu'a donnés le recensement fait dans la même année.

ou quelques semaines dans la capitale de la France, qui se succèdent sans cesse, et qui prennent leur large part de la consommation parisienne.

S'il était possible d'en évaluer le nombre avec précision, il le faudrait ajouter au chiffre de la population fixe duquel est déduite la charge indirectement imposée à chaque consommateur de Paris.

La banlieue ne renferme, en effet, presque aucune partie de cette population flottante, qui se concentre, à peu près tout entière, dans les quartiers riches de Paris.

On peut objecter, il est vrai, que, d'autre part, la banlieue suburbaine héberge un grand nombre de Parisiens, surtout le dimanche et le lundi, et qu'il y aurait lieu d'en tenir compte dans la division du produit des perceptions indirectes qui y sont faites. Mais, de divers renseignements attentivement rapprochés, il est permis de conclure que ces consommations extraordinaires, périodiquement renouvelées, jointes à celles que font journellement dans la banlieue les ouvriers qui y travaillent, quoiqu'ils aient leur domicile dans Paris, sont compensées par les consommations régulières faites, durant six jours de la semaine, en dedans du mur d'octroi, par les ouvriers, les employés, les approvisionneurs des halles et des marchés, qui ont leur habitation à l'extérieur. L'émigration est égale et réciproque.

La masse des voyageurs qui affluent à Paris n'est donc balancée par aucun excédant parallèle de population pour la banlieue, et motiverait une nouvelle correction des calculs qui précèdent.

Quoi qu'il en soit, les aggravations de charges indirectes, que pourront subir les habitants des territoires annexés à Paris, ne sauraient être considérables pour les classes peu aisées; elles seront, d'ailleurs, comme toutes les perceptions indirectes, peu appréciables, et se répartiront sur tous les jours de l'année.

En retour, une atténuation notable des contributions directes se fera sentir dans chaque famille, dès le lendemain de l'annexion, par l'affranchissement de toute taxe personnelle assuré aux contribuables; par l'exonération de toute taxe mobilière dont jouiront, en outre, les personnes ayant un loyer imposable inférieur à 250 fr.; par les dégrèvements que recevront, en conséquence de l'application du tarif parisien, les cotisations afférentes aux loyers de 250 fr. et au dessus, jusqu'à 1,500 fr.; enfin, par la suppression totale des centimes additionnels extraordinaires perçus pour le compte des communes sur les quatre contributions directes, indépendamment de leurs centimes ordinaires et spéciaux.

En somme, la grande majorité des habitants de la banlieue, la foule qui travaille, qui gagne et qui consomme au jour le jour, vivant plus ou moins bien, selon les chances du salaire, redoutant par dessus tout les grosses dépenses et surtout l'impôt que l'on paye en bloc, trouvera son compte à l'adoption du projet. Mais, avant l'examen détaillé des résultats probables de la mesure, on pouvait aisément s'y méprendre. Le public ne le croyait pas. Le Gouvernement, préoccupé avant tout du sort des classes laborieuses, avait lieu d'en douter. La loi projetée, aujourd'hui qu'elle est nécessaire et urgente, a été longtemps ajournée pour cette cause. N'était-il pas à craindre, d'ailleurs, que la population, égarée par des théoriciens rétrogrades ou d'égoïstes spéculateurs, ne se trompât sur ses intérêts véritables? Il ne manquait pas de gens qui la montraient d'avance faisant cause commune avec les restaurateurs, les débitants de vins et les autres dispensateurs des consommations du dimanche, courant sous leurs auspices aux registres d'enquête, et y faisant éclater, sous la forme du suffrage universel, une sorte d'unanimité négative. Rien de semblable ne s'est réalisé. Avec le bon sens rapide et pénétrant, qui caractérise ce pays, la masse de la population suburbaine a compris d'instinct, avec une certitude suffisante, que ses intérêts, au point de vue des charges publiques, n'étaient nullement compromis par l'extension de l'enceinte parisienne; qu'ils en seraient plutôt favorisés, et elle s'est presque généralement abstenue.

C'est à peine si les ouvriers de quelques usines, situées presque toutes à La Villette, ont livré leurs signatures, à la suite de celles de leurs patrons, sur des dires collectifs, dont le libellé même révèle un mot d'ordre d'atelier, un entraînement subi, et non pas une conviction personnelle et réfléchie. Partout ailleurs, dans la banlieue comme dans Paris, on ne trouve au fond de la population qu'approbation ou indifférence. Sur 4,500 personnes qui ont cru devoir formuler des observations, soit à l'appui, soit à l'encontre du projet, à peine compte-t-on un millier de signataires, c'est-à-dire moins du quart, qui ne soient ni propriétaires, ni marchands établis, ni industriels, ni capitalistes, ni chefs d'entreprises.

J'ajoute qu'en France, la multitude, abandonnée à ses impressions naturelles, a le goût des grandes choses. Elle considère justement comme accomplis à son propre avantage les travaux ayant pour but la facilité de la circulation, la salubrité, l'embellissement des rues, l'aménagement des villes, la meilleure organisation des services municipaux. Elle en jouit au moins autant que les personnes les plus favorisées de la fortune, et, pour cette cause, elle y trouve la satisfaction du sentiment de l'égalité, l'un de ceux qui vivent dans son sein avec le plus d'énergie. Aussi, la reconnaissance populaire s'est-elle attachée profondément à la mémoire des souverains qui ont laissé, par des travaux publics, une trace profonde de leur règne sur le sol de notre pays, et, avant tout, sur celui de la capitale.

Le projet d'agrandir Paris, de régulariser l'incohérente banlieue qui l'environne, d'étendre jusqu'aux fortifications le bienfait du régime parisien, plaît à l'imagination, montre en perspective l'amélioration de la propriété commune, et promet à chacun une certaine part dans l'accroissement général du bien-être. Voilà pourquoi le peuple applaudit à la pensée de l'Empereur.

Ce n'est pas le seul démenti donné à toutes les prévisions communes.

Les restaurateurs de tout ordre et les marchands de vins au détail de la banlieue, directement atteints par l'octroi, devaient, disait-on, marcher en tête d'une armée de consommateurs affamés, pour protester contre la mesure proposée. Or, ils ont tenu presque tous la même conduite que leurs clients ordinaires. Une trentaine au plus, sur les cinq mille qui se partagent l'exploitation des communes suburbaines, ont montré qu'ils redoutaient l'octroi parisien.

Le silence des autres s'explique de reste. Aujourd'hui, l'exercice, avec toutes ses gênes, les importune chaque jour. Ils en seront affranchis. Les droits qu'ils payent sur les boissons qu'ils vendent, équivalent presque à ceux qui leur seront imposés dans Paris sous une forme de perception moins investigatrice. L'application de l'octroi parisien à la zone des servitudes défensives, qui est généralement réclamée, les garantira suffisamment, aussi bien que leurs confrères de Paris, des dangers de la concurrence d'une nouvelle banlieue. Les distances à parcourir, des divers quartiers de Paris à la ligne des fortifications, seront telles, pour la plupart des promeneurs, que 500 mètres environ à franchir pour traverser la rue militaire, l'épaisseur des ouvrages, et la zone des servitudes, décourageront les plus intrépides.

La plupart des habitants de la banlieue suburbaine, qui, jouissant d'une aisance relative, payeront les droits d'octroi sur les consommations exceptionnelles, mises à part dans les calculs établis plus haut, n'en ont pas moins accepté sans protestation, comme les ménages pauvres, et, parfois, avec une approbation explicite, leur prochaine réunion à la population parisienne.

Chez les uns, l'intérêt général a parlé plus haut que l'intérêt privé; les motifs si élevés, si péremptoires, qui commandent au Gouvernement d'agir et ne lui permettent pas d'atermoiement, ont frappé leur raison et touché leur patriotisme; ils ont d'ailleurs l'assurance que la localité qu'ils habitent ressentira les effets d'une administration communale plus forte, plus tutélaire et plus active; les sacrifices qu'ils ont à subir ne leur paraissent pas trop grands, en comparaison de résultats qu'ils désiraient depuis longtemps et qu'ils n'espéraient guère de municipalités faibles et de pauvres budgets. Chez les autres, à des considérations de cet ordre, s'ajoute l'attente fondée de divers avantages particuliers, tels que la plus value des terrains à bâtir, de faciles communications avec la ville, l'extension des relations d'affaires, etc., etc.

En un mot, la généralité des consommateurs s'est considérée comme désintéressée ou comme avantagée par le projet.

III.

On a presque partout mesuré avec exactitude l'atténuation future des contributions directes dans la zone réunie. Toutefois, la matière est si complexe et si peu connue, que, sur quelques points, des doutes se sont élevés; il est utile de les éclaircir une fois pour toutes.

En ce qui concerne la contribution personnelle et mobilière, dès l'année 1860, si l'annexion est opérée, le système parisien sera appliqué à tous les contribuables de la banlieue suburbaine.

Pour en apprécier les effets, il importe de se rappeler que, dans Paris, on ne paye pas de taxe personnelle, et que la répartition de la taxe mobilière s'y fait, comme dans la banlieue, non pas d'après le loyer réel, mais d'après ce loyer équitablement réduit d'une certaine quotité par les répartiteurs. A Paris, la réduction est généralement de 20 p. %; ainsi, un loyer évalué à 250 fr. dans le rôle, représente un loyer réel d'environ 320 fr., et ainsi du reste. Une opération analogue a lieu pour l'établissement des rôles mobiliers dans les autres communes; mais la proportion, selon laquelle la réduction préalable s'effectue, diffère essentiellement de localité à localité. Tout rapprochement entre des loyers nominaux serait donc une source d'erreurs; ce sont les contributions portant sur des loyers ramenés à leur chiffre vrai et réellement identique, qu'il est seulement possible de comparer.

Cela posé, voici le tableau comparatif des cotisations afférentes aux mêmes loyers dans Paris et dans la banlieue. Il permet de reconnaître, par le simple rapprochement des taxes indiquées, selon les communes, pour chaque loyer déterminé, quelle étrange inégalité s'est peu à peu introduite, d'une commune à l'autre, dans la répartition de cet impôt, et quel dégrèvement résultera de l'extension du régime parisien à la banlieue suburbaine, pour tous les contribuables qui y sont domiciliés et qui payent des loyers de 1,200 fr. et au-dessous :

Taxes personnelles et mobilières afférentes, en 1859, aux loyers d'habitation ci-après.

CHIFFRE DES LOYERS.	Paris.	Auteuil.	Passy.	Les Ternes.	Batignolles.	Montmartre.	La Chapelle.	La Villette.	Belleville.	Charonne.	St-Mandé.	Bercy.	Ivry.	Gentilly.	Montrouge.	Vaugirard.	Grenelle.
Loyer réel de 250 fr.	Néant.	16.81	14.62	12.26	11.03	20.89	29.91	12.82	16.40	27.12	13.35	8.35	21.12	11.69	16.12	18.37	23.11
Id. 300	Néant.	19.20	17.10	19.92	17.17	24.18	31.80	11.93	19.68	32.09	15.05	17.50	24.45	13.36	18.90	21.60	27.28
Id. 320	7.50	26.89	18.10	21.69	18.34	26.37	38.05	15.99	20.99	35.15	15.90	19.02	26.87	14.47	20.01	22.89	28.95
Id. 350	8.40	22.63	19.60	22.86	20.08	28.56	11.31	17.05	22.96	37.10	17.61	20.55	28.89	15.58	21.67	24.82	31.45
Id. 400	9.60	25.55	22.63	25.81	22.92	30.75	44.56	19.16	26.24	42.05	19.32	22.07	31.11	16.69	21.45	28.65	35.63
Id. 500	12. »	31.38	27. »	31.70	28.64	39.53	57.58	23.39	32.80	52. »	23.58	28.17	39.99	21.13	30. »	31.50	43.97
Id. 600	14.40	37.20	31.95	37.59	31.35	46.11	65.35	27.62	39.36	61.95	27.86	32.75	46.65	24.47	35.55	40.05	52.32
Id. 800	32. »	48.85	41.85	49.37	43.67	60.46	90.13	36.07	52.18	81.85	36.39	43.12	62.19	32.24	46.65	53.85	69.01
Id. 1,000	40. »	60.50	51.75	61.15	57.27	74.61	109.75	44.53	65.00	101.75	44.93	52.57	75.51	38.91	57.75	66.73	85.70
Id. 1,200	48. »	72.15	61.65	72.93	68.72	89.97	132.45	52.99	78.72	121.65	53.46	63.25	91.05	51.13	68.85	79.65	102.39

Si, maintenant, on applique ces données aux rôles des communes qui doivent être réunies en totalité ou partiellement à Paris, on peut calculer approximativement, pour chacune d'elles, la diminution qu'amènera, soit dans le nombre des imposés à la contribution personnelle et mobilière, soit dans le produit de cette contribution, l'application du système parisien. L'état suivant résume ces résultats :

COMMUNES OU PORTIONS DE COMMUNES annexées.	CONTRIBUTION PERSONNELLE ET MOBILIÈRE de 1859.		D'APRÈS LES TARIFS DE PARIS.		DIFFÉRENCE EN MOINS dans le nombre des imposés.	DIFFÉRENCE EN MOINS dans le montant du rôle.
	NOMBRE des imposés.	MONTANT du rôle.	NOMBRE des imposables.	MONTANT des taxes.		
Auteuil..........................	763	30,197	747	29,287	16	1,210
Passy............................	2,933	80,385	2,458	76,635	475	3,750
Neuilly (section des Ternes)...........	4,671	68,282	1,826	41,354	2,845	26,928
Batignolles.......................	11,271	141,390	7,450	93,485	3,821	47,905
Montmartre.......................	9,391	152,172	3,981	42,229	5,410	109,943
La Chapelle.......................	5,494	78,349	2,139	11,450	3,355	66,899
La Villette.......................	3,835	45,041	2,400	26,490	1,435	18,551
Belleville........................	8,601	101,395	4,306	30,364	4,295	71,031
Charonne.......................	1,676	19,252	946	2,908	730	16,344
Saint-Mandé (portion)...............	704	11,067	510	8.661	194	2,406
Bercy...........................	2,414	28,429	1,423	12,726	991	15,703
Ivry (sect. de la Gare et des Deux-Moulins)	732	10,254	609	4,267	123	5,987
Gentilly (sections de la Maison-Blanche et de la Glacière)....................	1,811	19,974	1,268	11,057	543	8,917
Montrouge (section du Petit-Montrouge)..	3,563	44,277	1,923	15,079	1,640	29,198
Vaugirard........................	4,051	46,305	2,340	14,291	1,711	32,014
Grenelle.........................	1,783	27,418	1,223	8,107	560	19,311
Issy, Vanves, Clichy, Prés-Saint-Gervais et Pantin (portions)................	747	8,812	312	2,621	435	6,191
TOTAUX........	64,443	913,329	35,864	434,008	28,579	482,321

Ainsi, 28,579 chefs de famille, qui représentent une population malaisée de plus de 90,000 personnes, et qui payent aujourd'hui l'impôt personnel et mobilier, en seront complétement exonérés. Presque tous les autres contribuables profiteront d'un certain allégement de leurs cotisations. Un prélèvement sur le produit de l'octroi parisien soldera la part du contingent communal que ces libérales dispositions auront laissé sans recouvrement, soit 482,321 fr.

Ce simple exposé fournit une réponse claire et catégorique aux observations qui se sont fait jour dans l'enquête, au sujet de la contribution personnelle et mobilière. Le conseil municipal de Grenelle, qui demande une assimilation immédiate à Paris, quant à l'assiette et au payement de cet impôt, aura toute satisfaction. Batignolles et Belleville viennent d'obtenir l'autorisation d'exonérer, de la taxe personnelle, tous les imposables, et de la taxe mobilière, une partie des loyers ne dépassant point 150 fr. Mais un loyer réel de 150 fr. figure pour 30 fr. sur les matrices des rôles de Batignolles, et pour 60 fr., sur les matrices de Belleville. Après l'annexion, tout loyer nominal de 250 fr., répondant à un loyer réel de 320 fr., sera exempté. On voit la différence.

La mesure projetée ne saurait avoir d'influence sur le principal d'aucune cote foncière. En effet, le montant du contingent départemental, dans la contribution foncière, ne subit d'autre influence que celle des rectifications prescrites par la loi du 17 août 1835, pour tenir compte des démolitions et des constructions nouvelles opérées chaque année, et la répartition de ce contingent est faite d'après des bases arrêtées dès longtemps, que le Conseil général peut seul modifier, et qui sont indépendantes des divisions territoriales et des populations des communes.

Le principal des portes et fenêtres et des patentes, qui est réglé d'après la population, ne pourra être modifié de cinq ans dans les localités annexées; même, passé ce délai, le principal des patentes ne sera augmenté que de moitié, quand il devra l'être, et n'atteindra le taux de Paris qu'après une seconde période de cinq ans (1).

Mais le principal ne forme que l'un des éléments constitutifs de chaque cotisation. Il s'y ajoute un certain nombre de centimes additionnels, qui se classent en centimes généraux, affectés aux besoins de l'État par la loi annuelle du budget, en centimes départementaux, votés par le Conseil général ou autorisés par des

---

(1) L'article 8 du projet porte :

« Les contributions directes, dont le taux est déterminé à raison de la population, continueront, pendant cinq ans, à partir
« du 1er janvier 1860, à être établies d'après les tarifs actuels, dans les communes ou portions de communes annexées à Paris.
« Après ce délai, l'augmentation que devront subir les droits fixes de patentes, pour être portés au niveau de ceux de Paris,
« n'aura lieu que pour moitié, et ne sera complétée qu'après une seconde période de cinq années, ainsi que l'art. 5 de la loi
« du 25 avril 1844 l'a réglé pour les communes passant d'une catégorie dans une autre. »

lois spéciales pour des dépenses propres au Département, en centimes communaux ordinaires, spéciaux et extraordinaires, dont le produit fait retour à la commune.

L'annexion ne changera point la quotité des centimes généraux ni départementaux : cela est de toute évidence ; mais, tandis que les rôles de Paris ne comprennent point de centimes communaux extraordinaires, ni de centimes spéciaux pour le service de la vicinalité, toutes les communes de la banlieue suburbaine, à l'exception d'une seule, Auteuil, sont surimposées par leurs administrations municipales avec si peu de ménagement, que les contribuables y supportent, soit à titre ordinaire, soit à titre spécial, soit à titre extraordinaire, jusqu'au delà de 30 centimes additionnels applicables à des besoins locaux. En devenant partie intégrante de Paris, ces contribuables obtiendront, par l'effet du dégrèvement de la plupart des centimes communaux qui les écrasent aujourd'hui, une notable diminution de leurs cotisations foncière, des portes et fenêtres et des patentes. La somme n'en est pas évaluée à moins de 360,590 fr.

En la réunissant aux 482,321 fr. dont la contribution personnelle et mobilière se trouvera allégée, on a un total de 842,911 fr.

Auteuil seul n'a rien à gagner au changement. Cette commune a fondé son revenu particulièrement sur l'octroi ; elle a obtenu, de ce chef, un produit assez élevé pour se dispenser de tout centime additionnel extraordinaire, et même pour ne s'imposer aucun centime spécial. Ce système est sage au fond ; mais il aurait fallu le pratiquer avec moins de parcimonie. Depuis longtemps, des travaux importants doivent être accomplis dans la commune : l'église est insuffisante, il la faut remplacer ; les voies publiques demandent des améliorations de toute sorte ; d'autres services municipaux sont en souffrance.

Partout ailleurs, le dégrèvement sera sensible : plusieurs communes le constatent et s'en félicitent par l'organe de leurs conseils municipaux.

Chez quelques autres, à La Villette surtout, on remarque que le principal des contributions des portes et fenêtres et des patentes, immobile pendant cinq ans, aux termes de l'article 8 du projet, commencera à s'élever après ce délai ; que celui de la contribution foncière s'accroîtra probablement, s'il s'opère, un jour ou l'autre, quelque remaniement des bases de cet impôt.

Sur ce dernier point, il convient de dire que les changements de bases, qui pourraient être adoptés dans l'avenir par le Conseil général, et dont les habitants de La Villette semblent reconnaître implicitement la justice, puisqu'ils craignent toute révision de l'assiette actuelle de la contribution foncière, ne se rattachent en aucune façon à la mesure qui modifiera les limites de Paris.

Il ne faut pas oublier, d'ailleurs, que les contributions foncière, des portes et fenêtres et des patentes, seront atténuées, en même temps que la contribution personnelle et mobilière, par la suppression de tous centimes extraordinaires.

Si des accroissements de principal viennent, après un certain nombre d'années, rétablir l'égalité proportionnelle entre les nouveaux contribuables de Paris et les anciens, est-il juste de s'en plaindre d'avance? Peut-on demander, même à la loi, que l'impôt soit rendu à jamais immuable au profit, soit de quelques individus, soit même d'une localité déterminée et circonscrite? Se figure-t-on des commerçants, des industriels, transmettant à leurs fils ou cédant aux acquéreurs de leurs établissements, avec leur nom, un droit d'exemption d'une part quelconque des charges publiques?

De telles immunités ne sont plus de notre temps; 1789 en a fait justice. L'égalité de tous les citoyens et de toutes les parties du territoire devant l'impôt, c'est le droit moderne. Y porter atteinte, à moins qu'on ne le fasse, comme dans le système du projet, à titre de ménagement temporaire et de transition aussi restreinte que possible, ce serait ébranler un des principes les plus chers à notre pays.

Que, dans une intention de bienveillance pour des intérêts privés que dérange une grande mesure d'intérêt public, des sacrifices momentanés soient consentis par l'État, des exemptions passagères d'une partie des charges communes, accordées, on le comprend. Mais cinq ans de pleine franchise du surcroît des contributions des portes et fenêtres et des patentes, cinq autres années de demi-cotisation pour la plus value de ce dernier impôt, constituent une concession aussi large que le bon sens et la nature des choses peuvent l'admettre.

IV.

Toutefois, ce n'est point sur l'assiette des contributions, ni sur aucun autre objet intéressant la généralité des habitants de la banlieue suburbaine, que portent la plupart des réclamations de l'enquête. Elles ont trait, d'une manière à peu près exclusive, à un certain nombre d'intérêts privés se rattachant à l'industrie ou au commerce.

Les usines qui consomment de la houille, ne se contentent pas des cinq années d'affranchissement de toute surtaxe d'octroi, que leur assure l'art. 7 du projet (1) ; des fabriques qui transforment, à différents degrés, des matières premières sujettes aux droits d'octroi, représentent que leurs produits ne sont pas destinés à entrer dans Paris, mais à se répandre dans toute la France et à l'étranger, et qu'ils n'y pourront pas soutenir la concurrence, si le prix en est rehaussé par une taxe dont les fabriques établies ailleurs sont affranchies. D'autres disent que leurs produits sont bien à l'usage de Paris, mais qu'ils n'y payent point de droit d'entrée; de telle sorte que, la matière première étant imposée et l'objet fabriqué ne l'étant pas, il y aura infériorité de condition pour le producteur établi dans la ville, relativement à ses concurrents placés au dehors. Un certain nombre font remarquer qu'elles dénaturent et combinent à un tel point les substances employées, qu'il n'est pas possible d'en reconnaître la quantité et la valeur dans l'objet mis en consommation, et qu'elles ne peuvent pas même solliciter la faculté de l'entrepôt fictif, par assimilation aux établissements qui en pourront jouir en vertu de l'art. 5 (2).

Des négociants en gros, des entrepositaires se plaignent de n'avoir cette faculté que pour cinq années. Des trafiquants au détail voudraient jouir des mêmes avantages que les marchands en gros. Des chefs de maisons et d'ateliers redoutent l'exhaussement des salaires, qui sera la conséquence naturelle d'un certain enchérissement des consommations (3). Des marchands de houille ou de diverses matières premières ne sont point disposés à faire l'avance des droits d'octroi sur leurs marchandises (4). Des établissements réputés insalubres prévoient qu'il leur sera

(1) « Art. 7. Pendant le même délai de cinq ans, les usines en activité à la date du 1er janvier 1859, dans le périmètre du « territoire réuni à Paris, et qui emploient la houille, ne pourront être assujetties à des droits d'octroi supérieurs à ceux « qu'elles payent actuellement pour ce combustible, dans leurs communes respectives. »

(2) « Art. 5. Les établissements privés, affectés au commerce en gros des matières et denrées soumises dans Paris aux droits « d'octroi, dont l'Administration municipale aura reconnu l'existence, au 1er janvier 1859, sur les territoires annexés à Paris, « seront admis à réclamer pour cinq années, à partir du 1er janvier 1860, la faculté d'entrepôt a domicile, concédée par l'art. 39 « de la loi du 28 avril 1816, l'art. 9 de la loi du 28 juin 1833 et l'art. 11 de l'ordonnance royale du 9 décembre 1814, et ce, « par dérogation aux dispositions des lois précitées des 28 avril 1816 et 28 juin 1833, qui exceptent Paris de cette concession. « Le Conseil municipal déterminera le minimum des quantités pour lesquelles la faculté d'entrepôt sera accordée. Il sera « statué sur les demandes d'admission à l'entrepôt par le Préfet de la Seine, sur la proposition de l'administration de l'octroi, « sauf recours au Ministre de l'Intérieur........ »

(3) On a vu déjà que cette supposition n'a aucun fondement sérieux.

(4) L'art. 6 du projet est allé au devant de cette réclamation :

« Ceux des établissements mentionnés ci-dessus, qui ne réclameraient pas le bénéfice de l'entrepôt à domicile, pourront « être admis à jouir, pour l'acquittement des droits d'octroi constatés à leur charge, de facilités de crédit analogues à celles « qui sont maintenant accordées, dans Paris, au commerce des bois et au commerce des huiles. »

interdit de demeurer dans Paris. Des entrepreneurs de transport par eau voudraient l'institution de docks pour les chargements qu'ils amènent. Des entrepreneurs de transport par terre se voient avec regret contraints de payer la taxe sur les fourrages. Des propriétaires d'immeubles s'effrayent en songeant que, par suite de l'extension de la ligne d'octroi, des usines établies dans leurs immeubles pourront émigrer au delà des fortifications ou se transporter en province. Enfin, des commissionnaires craignent le ralentissement de l'activité commerciale sur tel point donné de la banlieue suburbaine.

Plusieurs protestent avec amertume ; un plus grand nombre, s'inclinant devant l'intérêt public, demandent, ou la suppression absolue de l'octroi, ou un ajournement plus ou moins prolongé, plus ou moins indéfini, de la mesure, ou l'exemption des taxes de Paris en faveur de leurs matières premières et de leurs combustibles, pour dix ans, quinze ans, vingt ans, trente ans, selon la durée des baux qu'ils ont passés avec les propriétaires des immeubles où leurs exploitations sont établies, ou même pour toujours. Quelques-uns prétendent à une indemnité d'éviction. Ceux-ci voudraient le remboursement des droits, à la sortie, pour toutes leurs réexportations. Ceux-là espèrent des facilités de crédit ou d'abonnement pour l'acquittement des droits. Il en est qui sollicitent la transformation de leur commune entière en entrepôt. D'autres se réduisent à provoquer la création de docks ou d'entrepôts réels dans des localités qu'ils désignent.

Sans prolonger cette analyse des dires de l'enquête, et avant d'entrer dans l'examen des demandes et des propositions qui sont faites, je reconnais, tout d'abord, Messieurs, que, parmi les réclamants, il s'en rencontre, en petit nombre sans doute, qui seront amenés à se déplacer. Je ne conteste pas davantage que plusieurs autres verront leurs situations troublées, leurs calculs dérangés, leurs bénéfices amoindris, leurs intérêts contrariés.

C'est le sort commun des choses humaines, que rien ne s'accomplit d'utile pour l'ensemble de la société, sans qu'il y ait des froissements partiels. Chacune des machines, chacun des procédés ingénieux qu'invente cette industrie, dont la plainte se fait entendre aujourd'hui sur certains points de la banlieue suburbaine, arrache momentanément le travail des mains les plus exercées et souvent les plus pauvres. Qu'un chef d'usine se trouve en possession d'une des découvertes de la science, qui économisent la main-d'œuvre et perfectionnent du même coup le produit, voilà ses rivaux réduits à soutenir, à grands frais, une concurrence ruineuse, ou à liquider leur entreprise avec une perte énorme de capitaux. Plus de fortune pour eux, plus d'espoir pour leurs familles, plus d'occupation et de salaire pour leurs ouvriers. Lui, cependant, se réjouit de son triomphe industriel et ne songe, en aucune façon, à indemniser ceux qui souffrent de sa création nouvelle. A-t-il tort? Non, sans doute, s'il a agi sans déloyauté, selon le droit du plus intelligent et du plus habile, en réalisant un progrès avantageux, non-seulement à son intérêt personnel, mais à l'intérêt public. Avec le temps, d'ailleurs, les usines rivales se relèveront par l'application du même procédé ou d'inventions équivalentes; les familles des hommes actifs retrouveront des ressources et l'espérance; les ouvriers déplacés seront employés dans d'autres usines et se plieront à d'autres conditions de travail : c'est l'histoire quotidienne de l'industrie que je raconte.

Mais l'application de nobles découvertes n'est pas le seul procédé à l'aide duquel on ruine ses concurrents ; c'est quelquefois, par exemple, en prodiguant des capitaux supérieurs, en abaissant, pour un temps donné, le prix de sa denrée au-dessous de la valeur réelle, afin de demeurer maître du marché. L'intérêt bien entendu, les règles de la spéculation savante expliquent tout. Personne ne s'occupe de relever les victimes de cette lutte, où le fort écrase le faible sans pitié ni merci.

Dans le projet qui nous occupe, Messieurs, il ne s'agit, à aucun degré, de satisfaire des intérêts privés. Il n'est même pas question de faire prévaloir l'intérêt de la Ville de Paris sur celui de moindres communes qui sont nées autour d'elle : c'est le contraire qui est le vrai, et la prospérité financière de la Ville sera plutôt amoindrie, dans une certaine mesure, pour l'amélioration de ses nouveaux faubourgs, qu'augmentée par l'extension du cercle de ses perceptions diverses. L'intérêt le plus général et le plus élevé, celui de la sécurité publique, du bon ordre de la capitale de la France, de l'unité, de la force, de l'efficacité de son administration, est seul en jeu. Cependant, malgré ce motif de premier ordre, l'État procède-t-il à l'égard des intérêts particuliers froissés, comme l'un d'eux agirait à coup sûr envers les autres, s'il devait les blesser pour réussir? Nullement. La sollicitude la plus attentive apporte à l'exécution de la mesure tous les tempéraments, tous les atermoiements possibles : le Trésor-Public abandonne une partie de ses droits; la Ville renonce, pour plusieurs années, à des ressources qui lui seraient bien nécessaires, puisque les nouvelles dépenses mises à sa charge doivent être immédiatement et annuellement accomplies.

Les doléances qu'on fait entendre ne sont pas d'ailleurs sans exagération. Parmi les industries et les commerces qui en sont l'objet, la plupart ont, dans l'enceinte actuelle de Paris, leurs similaires, qui payent l'octroi et vivent cependant, non sans réaliser de raisonnables bénéfices. Il y a dans la ville, comme au dehors, des raffineurs, des distillateurs, des brasseurs, des marchands de vins et de spiritueux, des filateurs, des fondeurs, des lamineurs, des affineurs, des constructeurs de machines, de voitures, de wagons, des charrons, des charpentiers entrepositaires de bois, des marchands de bois de sciage, des entrepreneurs de scieries, des marchands de charbons de terre, de grains et de fourrages, des fabricants de plâtre, de porcelaines, de poteries, de couleurs, de vernis, de parfumerie et de savons, de bougies, etc., etc.

817 industriels ou marchands des communes suburbaines ont réclamé dans l'enquête : on compte dans Paris 9,822 industriels et marchands des mêmes catégories. Le marché s'agrandissant par l'adjonction de 400,000 âmes, il y aura place pour un plus grand nombre d'exploitants, et rien n'empêche que les nouveaux venus ne prospèrent dans l'enceinte de l'octroi, comme leurs devanciers, qui n'ont pas craint de s'y établir.

Il faudra sans doute que plusieurs s'efforcent, s'ingénient. Telle industrie, tel commerce déplacé devra déployer ces ressources merveilleuses d'économie, d'invention, d'heureuse transformation, de gestion habile, dont l'intérêt privé est le meilleur ressort, et qui sont la cause sans cesse agissante des développements de la richesse publique.

On a vu maintes fois, dans d'autres enquêtes, les organes de l'une des branches du travail national atteints par un impôt ou par le dégrèvement d'un produit extérieur similaire, élever bien haut leurs clameurs, s'écrier, de bonne foi, que la ruine les attendait, que la mesure discutée équivalait à l'expropriation même. Le sucre indigène, par exemple, ne pouvait lutter à armes égales contre le sucre de canne et supporter, sans périr, la taxation la plus légère ; la culture de la betterave allait être abandonnée ; les usines allaient se clore ; on prévoyait un désastre universel. Cependant, le sucre indigène a vécu, en payant non-seulement la première taxe proposée, mais encore des taxes élevées graduellement jusqu'au niveau de celles qui frappent son rival, et, néanmoins, la production a été croissant chaque année, dans une proportion telle que, naguère, c'était le sucre de canne qui réclamait à son tour la protection du Gouvernement !

Il en sera de même de beaucoup d'établissements de la banlieue, qui repoussent aujourd'hui la charge de l'octroi de Paris comme intolérable, et qui la supporteront un jour, non-seulement sans avoir déchu, mais en acquérant même des développements nouveaux. Les délais et les adoucissements, qui leur sont offerts,

13

ont uniquement pour but de leur faciliter la transition de l'état actuel à l'état futur, et le temps de se ménager de nouvelles conditions de succès.

Je sais qu'il est toujours pénible d'être contraint à recommencer une série d'efforts, lorsqu'on s'était assis dans une position avantageuse. En pareil cas, l'intérêt privé s'irrite et se soulève. C'est l'attitude que prennent dans l'enquête un certain nombre d'opposants.

Sont-ils complétement excusables de le faire ?

Dans presque toutes les communes ou fractions de communes suburbaines, il se trouve quelques habitants au moins dont l'extension des limites de Paris troublera la situation. Leurs observations sont généralement modérées dans la forme, alors même qu'elles peuvent être, au fond, empreintes d'exagération. Dans plusieurs des localités mêmes, où un grand nombre d'intérêts opposés à l'augmentation des taxes d'octroi sont naturellement groupés, à Bercy, à Grenelle, par exemple, les dires industriels sont calmes, le langage tenu par les conseils municipaux est parfaitement convenable. Il n'en est point tout à fait ainsi à La Villette.

Pour être juste, cependant, je m'empresse de reconnaître que la faute paraît en être moins aux individus que la mesure inquiétait pour leurs exploitations industrielles ou pour l'avenir de leurs négoces, qu'à ceux mêmes qui auraient dû diriger, régler, modérer la manifestation de ces inquiétudes, et qui semblent avoir pris à tâche, au contraire, d'en encourager, d'en exciter la vivacité par divers actes au moins imprudents. Quelque regret que je puisse éprouver de vous signaler, Messieurs, quelques-uns de ces actes, je ne puis me dispenser de le faire, parce qu'il faut que vous soyez en mesure de réduire à sa juste valeur l'extrême émotion, dont la seule commune de La Villette a donné le fâcheux spectacle.

Le 7 février dernier, le jour où toutes les administrations municipales intéressées ont reçu l'avis officiel qu'une enquête, à la suite de laquelle les conseils municipaux et les plus imposés seraient expressément consultés, allait être ouverte sur l'extension des limites de Paris, le conseil municipal de La Villette, assemblé sans autorisation spéciale, ne craignit pas de s'engager à l'avance par une délibération, de perdre ainsi le caractère d'impartialité qu'il aurait dû conserver pour résumer et juger plus tard les observations présentées à l'enquête, et de voter des fonds pour la publication et la diffusion dans le département tout entier d'un mémoire rédigé, par une commission prise dans son sein, contre le projet du Gouvernement. La Commission, dont plusieurs membres étaient avertis de ce projet depuis quelque temps, par des communications officieuses qu'ils avaient reçues comme fonctionnaires, soit de M. le Ministre de l'Intérieur, soit de moi-même, avait devancé, par une sorte d'enquête anticipée, l'enquête légale, et, loin de calmer les inquiétudes, de laisser au moins les sentiments individuels s'exprimer spontanément, elle avait formé un faisceau, une coalition de tous les intérêts que la mesure pouvait toucher. L'alarme ainsi donnée d'en haut dut évidemment causer une sorte de panique locale. Il n'est guère surprenant que chaque usine ou maison de commerce se soit exagéré les conséquences de la mesure projetée; que ceux qui n'y songeaient guère aient cédé à l'agitation municipale; que quelques centaines d'ouvriers aient joint leurs signatures à celles de leurs chefs d'atelier, alors que partout ailleurs la masse de la population laborieuse demeurait indifférente; qu'on soit arrivé, enfin, à recueillir plus de protestations à La Villette que dans le reste de l'arrondissement entier. Ce dont il faut s'étonner, c'est que cet étrange procédé d'opposition, employé par une administration municipale plus préoccupée des affaires privées que des devoirs publics de ses membres, n'ait pas eu d'autres résultats. En passionnant un débat purement administratif, elle pouvait, en effet, susciter des difficultés d'un ordre beaucoup plus sérieux, et se voir tout à coup entourée elle-même d'auxiliaires violents, auxquels j'aime à croire qu'elle n'avait pas songé pour appuyer sa résistance.

Quoi qu'il en soit, voici, dégagé de toutes les formes plus ou moins acerbes, par lesquelles on l'a affaibli, en croyant le rendre plus énergique, l'argument mis en avant par la commune de La Villette :

Cette commune est dans une position topographique admirable pour l'industrie et le commerce; trois voies navigables, le canal de l'Ourcq, le canal Saint-Martin et le canal Saint-Denis y aboutissent et se rencontrent dans un magnifique bassin, qu'ils mettent en communication avec la haute et la basse Seine et avec plusieurs cours d'eau de l'Est et du Centre; deux larges routes impériales, celle de Flandre et celle d'Allemagne, partent du même point pour traverser plusieurs des contrées les plus actives de la France et gagner des pays étrangers, producteurs et consommateurs; le chemin de fer de Strasbourg, qui a sa gare dans le voisinage, rattache La Villette aux mêmes contrées par des communications rapides; enfin, le chemin de fer de ceinture met toutes les gares, c'est-à-dire la France et l'Europe entière à la portée de la commune. Voilà de quels avantages La Villette est en possession; voilà comment s'est accrue sa population, au point de dépasser 30,000 âmes, et comment se sont accrus son industrie et son commerce, au point d'en faire un des marchés les plus considérables de France.

Il y a là une étrange confusion. Ce n'est pas La Villette qu'on décrit ainsi; c'est

Paris même. En effet, ce magnifique bassin central, relié par trois canaux à plusieurs voies fluviales, qui donc en a acquis le sol, les quais et les abords? Qui l'a creusé et alimenté à ses frais? Qui a dépensé près de 65 millions pour ce magnifique ensemble de grands ouvrages hydrauliques? Qui en est encore aujourd'hui propriétaire? Est-ce la commune de La Villette ou la Ville de Paris? Et ces routes impériales, ce réseau de chemins de fer, ces gares mises en communication par le chemin de ceinture, ont-ils été créés au moyen du budget municipal de La Villette, pour que cette commune devienne l'un des centres du monde, ou bien ne sont-ils pas l'œuvre de l'État, qui a voulu, en les entreprenant directement, ou en les faisant faire par des compagnies subventionnées, unir sa capitale avec toutes les parties de l'Empire et, au delà, avec toutes les contrées de l'Europe?

Des industriels, des commerçants, des entrepreneurs, sont venus s'établir autour de l'une des propriétés de la Ville de Paris; ils l'ont exploitée moyennant une faible redevance de navigation ou de stationnement; ils ont tiré bon parti du contact de la grande ville, du marché de consommateurs et du marché de capitaux qu'elle constitue, des sources de crédit qu'elle tient ouvertes, du savoir des ouvriers qu'elle forme, des contre-maîtres qu'elle instruit, de tous les puissants moyens de richesse et de succès qu'elle offre à l'activité et au travail. Rien de mieux.

Mais, parce qu'ils ont eu la libre jouissance de ces biens, ils n'en doivent pas méconnaître l'origine et se les attribuer en propre. Le bassin de La Villette appartient à la Ville de Paris; on a tort de l'oublier. La Ville, en le comprenant dans son enceinte, usera d'un droit incontestable, et quand on voit les industriels et les commerçants de La Villette s'opposer avec une ardeur qui est presque de l'ingratitude, à ce qu'elle l'exerce en toute liberté, on se rappelle involontairement cette fable de notre immortel La Fontaine, qui a pour titre. *La Lice et sa Compagne.*

Au reste, dès longtemps, les habitants de La Villette, comme ceux des autres communes suburbaines, ont été clairement avertis de l'agrandissement que Paris devait prendre. La construction des fortifications de Paris a tracé, depuis dix-huit ans, l'enceinte nouvelle. Exprimer, comme on l'a fait dans l'art. 9 de la loi du 3 avril 1841, que le régime de l'octroi de Paris ne pourrait être étendu qu'en vertu d'une loi, aux territoires compris entre les deux enceintes, c'était dire évidemment que cette mesure, jugée grave, devait être entourée des garanties les plus complètes de maturité et de prudence; mais c'était aussi annoncer qu'une loi pouvait être demandée et votée, d'une année à l'autre, pour l'autoriser. Refuser, comme la Chambre des Députés l'a fait, dans sa séance du 26 janvier 1841, d'interdire au Gouvernement la présentation d'une telle loi avant un délai de vingt années, ce n'était pas seulement réserver, en principe, aux pouvoirs publics leur liberté d'action; c'était enlever aux intérêts privés toute certitude d'une durée quelconque de l'état des choses auquel ils pouvaient être attachés ; c'était placer chaque habitant de la zone suburbaine sous le coup d'une annexion à chaque instant possible. Cela est tellement vrai que la question se posait périodiquement d'elle-même, chaque fois qu'une occasion semblait naître pour la résoudre. Depuis dix-huit ans, la banlieue n'a cessé d'interroger, à cet égard, tantôt l'Administration préfectorale, tantôt le Gouvernement même.

Mais, dit-on, le Gouvernement a répondu au moins une fois, le 19 novembre 1852, par une note insérée au *Moniteur* et transformée en affiche! — C'était deux jours avant que le peuple se réunît dans ses comices, afin de voter sur le plébiscite proposé à son suffrage pour le rétablissement de la dignité impériale dans la personne et dans la descendance directe, légitime ou adoptive, du Prince qui venait de sauver la France de l'anarchie, et de lui montrer, plus vivant que jamais, le génie tutélaire des Napoléon. Des hommes habiles à semer parmi le peuple de fausses nouvelles que l'esprit de parti pût recueillir ; d'autres non moins adroits à faire sortir de chaque événement public leur bien personnel, accréditaient, dans la banlieue, le bruit que l'un des premiers actes de l'Empereur serait l'établissement de l'octroi parisien à la ligne fortifiée.

On croyait alors généralement que les surtaxes qui devaient grever, dans cette hypothèse, la banlieue suburbaine, seraient surtout onéreuses à la classe peu aisée. On espérait inquiéter la population, ou amener le Gouvernement à démentir, pour la calmer, les bruits répandus. Dans le premier cas, l'opposition comptait récolter des suffrages mécontents ; dans le second, les intérêts qui cherchaient leur profit au travers du salut de l'État, se saisissaient d'une publication officielle comme d'une garantie en faveur de la situation exceptionnelle qu'ils s'étaient créée entre les deux enceintes de la ville.

A cette époque, l'Empereur, partageant la préoccupation universelle, au sujet de la surcharge qu'un déplacement de l'octroi pouvait causer aux ouvriers et aux petits ménages de la banlieue, ne songeait qu'à éloigner, autant qu'il serait possible, le moment où cette mesure deviendrait nécessaire. La note du 19 novembre en contient la déclaration.

Depuis lors, des études administratives ont éclairé des points obscurs et démontré ce que l'enquête vient de mettre en lumière, à savoir que la masse de la population n'est pas sérieusement intéressée dans la question du déplacement de l'octroi parisien, et que l'augmentation des droits indirects, qu'il lui faudrait payer sur sa consommation, moins considérable qu'on ne supposait, sera très-largement compensée par la suppression ou la diminution de ses contributions directes et par d'autres avantages.

En même temps, la population suburbaine s'accroissant, et les territoires avoisinant Paris se couvrant de constructions avec une rapidité inouïe, la conséquence de l'établissement des fortifications, prévue en 1841, apparaissait spontanément à tous les esprits comme imminente. Dès la fin de 1853, on savait, au sein même du conseil municipal de La Villette et ailleurs, qu'une commission, prise dans le sein du Conseil municipal de Paris et de la Commission départementale de la Seine, examinait le parti qu'il y aurait à prendre. Depuis ce moment, l'extension partielle et successive et l'extension complète et immédiate des limites de Paris n'ont cessé d'être débattues comme des mesures entre lesquelles il était urgent de choisir. Les interrogations pressantes adressées aux diverses administrations ne se sont pas ralenties; dans les baux prudemment faits, une clause résolutoire a été insérée avec plus d'insistance que jamais; il n'est pas une personne sensée que n'ait atteinte au moins l'incertitude.

Le Gouvernement de l'Empereur n'a pris de décision qu'en 1859, sept ans après la réponse faite en 1852 à une indigne manœuvre. Le même peuple, qui alors acclamait avec enthousiasme l'Empereur, en dépit des ennemis et des habiles, vient de lui donner encore son assentiment à peu près unanime, en s'abstenant de toute intervention dans l'enquête, sur presque tous les points du territoire intéressé. Le Prince et le peuple de 1852 se sont retrouvés et compris.

De quelle surprise se pourrait-on plaindre? Il est vrai que même au lendemain de 1841, des spéculateurs n'ont pas hésité à élever, dans la banlieue suburbaine, des établissements, qui, cependant, à leur sens, ne peuvent subsister un jour sous l'influence de l'octroi parisien. En 1841, La Villette ne comptait que 9,318 habitants; elle en a aujourd'hui plus de 30,000, plus de trois fois autant. Son industrie, son commerce se sont développés en face de la prévision sans cesse renouvelée d'une annexion inévitable. Qu'en faut-il conclure? Ou que, dans leur insouciante témérité, ses chefs d'usines, ses négociants ont imité les vignerons du Vésuve, qui plantent et récoltent sur le chemin de la lave, ou que les bénéfices résultant de la proximité de Paris et de l'exemption de ses charges, sont assez considérables et assez prompts pour donner la richesse en peu d'années, et dégager qui que ce soit de toute préoccupation de l'avenir ; ou enfin, que les pertes, les embarras dont on se dit menacé, sont fort grossis par l'imagination, ou amplifiés pour le besoin de la cause.

Il y a encore une conséquence à tirer de la comparaison des chiffres de la population de La Villette en 1841 et en 1858 : si l'annexion de cette commune à Paris eût été effectuée en même temps que s'élevait l'enceinte fortifiée, on y eût rencontré à peine le quart des intérêts qui s'y pressent actuellement. Les souffrances eussent été beaucoup moins grandes, les réclamations, bien moins vives. On a laissé, durant dix-huit années, cette commune s'accroître démesurément, les fortunes y grossir et s'y multiplier. Sans contredit, les millions qui ont été gagnés ainsi dans une situation précaire, ne donnent point le droit à ceux qui les ont aujourd'hui, d'exiger, aux dépens de l'intérêt général, la prolongation indéfinie de l'état provisoire qui leur a permis de les acquérir. Mais les prétentions élevées à cet égard montrent quel serait l'effet d'une nouvelle temporisation. Avant dix années peut-être, dans les autres communes, où ne se présentent aujourd'hui que des usines isolées, des intérêts commerciaux peu importants ou en petit nombre, prêts à s'incliner devant l'intérêt public, on verrait se dresser, comme aujourd'hui à La Villette, contre une annexion à Paris plus nécessaire que jamais, des groupes d'industries et d'entreprises coalisées. L'enquête alors deviendrait une émeute écrite, et la mesure rendue facile en ce moment par la sagesse et le patriotisme de la masse de la population, ne pourrait plus être accomplie peut-être que par un effort de la puissance publique.

V.

Des remarques qui précèdent, les unes, celles qui concernent la forme des réclamations produites à l'enquête, ne rencontrent que peu d'applications hors de La Villette ; les autres, au contraire, celles qui touchent au fond des choses, répondent à l'ensemble des observations présentées, sur divers points, au nom de l'industrie et du commerce.

Ce qui me reste à dire, au sujet des exonérations temporaires concédées par le projet, a le même caractère de généralité.

On a voulu, par les articles 5 et 7, que cinq ans d'immunités, 1859 non compris, c'est-à-dire six ans par le fait, fussent ajoutés aux dix-huit ans écoulés depuis la loi de 1841, pour laisser aux commerçants en gros et aux consommateurs de houille, le temps de se préparer au régime parisien ou de se déplacer sans précipitation.

Est-il possible d'aller plus loin et d'accorder aux réclamants quelques-unes de leurs demandes?

La suppression de l'octroi est proposée à Ivry. J'ai raconté, dans mon mémoire au Conseil municipal de Paris, que je joins aux pièces, l'histoire abrégée de cette utopie révolutionnaire; j'ai exposé les conséquences intolérables pour les contribuables, désastreuses pour les finances municipales, de toute combinaison ayant pour but de substituer une perception directe aux taxes indirectes de l'octroi. Je crois superflu d'insister à cet égard.

Une indemnité sera-t-elle allouée à tout négociant, à tout marchand, à tout industriel de la banlieue? Quelques dires aboutissent à cette conclusion, qui n'est guère sérieuse. On ne saurait demander une indemnité parce qu'on cesse de jouir d'un privilége fructueux, parce qu'on est appelé à payer une taxe publique, dont on avait été longtemps à l'abri.

Une exemption de la surtaxe résultant de l'octroi parisien, prolongée au delà des cinq années fixées par le projet, c'est la réclamation la plus générale; chacun en proportionne l'étendue à ses convenances privées, à la durée des baux qu'il a souscrits, des associations qu'il a formées, des opérations qu'il se propose de faire avant de juger sa fortune suffisante et de prendre sa retraite. La loi du pays ne peut se plier à ces divers calculs. L'égalité à l'égard des taxes indirectes n'est pas chez nous un principe moins fondamental que celui de l'égalité en ce qui concerne la contribution directe. Le même délai doit être accordé à tous ceux auxquels les dispositions du projet sont applicables, et ce délai ne peut se prolonger de manière à devenir un privilége dans l'État, une immunité blessante et onéreuse pour les citoyens qui ne sont pas admis à en profiter. Il ne serait pas tolérable que les industries déjà établies dans Paris, ou celles que l'annexion doit y faire entrer, et qui, par les conditions qui leur sont spéciales, ne pourront réclamer le bénéfice de l'entrepôt fictif, en voient la jouissance perpétuée dans un petit nombre de maisons, de telle sorte que les uns supportent tout le poids des charges communes, et que les autres en soient presque indéfiniment affranchis; que les premiers fournissent à toutes les dépenses municipales, et les seconds se contentent, sans bourse délier, de prendre leur part des résultats. Si le projet eût parlé de trois années, on en eût demandé cinq. Or, il en accorde six en réalité. Ce qui paraissait juste et possible a été du premier coup fixé d'une manière libérale. C'est l'avis des deux conseils d'arrondissements, si bien placés pour apprécier la généralité des besoins à cet égard. Faire plus, ce ne serait plus seulement gêner l'Administration municipale de la ville agrandie, qui aura tant de peine à faire face tout d'abord à ses nouvelles obligations; ce serait la ruiner pour un assez long avenir. D'ailleurs, ce ne serait plus seulement accorder des facilités à l'industrie et au commerce; ce serait admettre indirectement le principe qu'une véritable indemnité leur est due.

Le projet fait, d'ailleurs, une exception au profit des grands établissements consacrés au commerce en gros des boissons, et confie au Conseil municipal le soin de juger plus tard s'il conviendra de prolonger, en leur faveur, au delà de cinq années, la faculté de l'entrepôt fictif (1). Mais ce n'est pas, vous l'avez compris d'avance, Messieurs, pour constituer une classe privilégiée de commerçants; c'est pour assurer aux consommateurs de cette immense capitale l'approvisionnement de denrées de nécessité première.

Il n'est pas essentiel pour Paris qu'il y ait, à ses portes ou dans son enceinte, des usines qui fabriquent, selon leur propre déclaration, des produits de toute espèce pour le monde entier ; mais il lui est indispensable que son immense population soit fournie de vins et d'autres boissons nécessaires à la vie et à la santé. Que les négociants de Bercy se rassurent donc. Un intérêt supérieur fait leur garantie. L'Administration choisira la meilleure combinaison pour prévenir la fraude et faciliter néanmoins l'approvisionnement de la ville ; mais, dans aucun cas, elle ne sacrifiera ce dernier service à des considérations purement fiscales.

Un système général de remboursement des droits d'octroi, à la sortie de toutes les marchandises, a aussi été proposé. Les marchands de bois à ouvrer de la gare d'Ivry en sont les principaux promoteurs. Mais les dispositions prises pour un produit devraient être, en bonne justice, appliquées à tous les autres. Or, le régime du *drawback*, aux portes d'une ville telle que Paris, serait impraticable. L'entrée et la sortie se gêneraient mutuellement aux barrières ; un

(1) Le dernier paragraphe de l'article 5 du projet porte :

« Les grands établissements consacrés au commerce en gros des vins, eaux-de-vie, bières et cidres, qui, en vertu du para-« graphe premier, seront admis à l'entrepôt, pourront être autorisés à en jouir au delà de la période ci-dessus fixée, si « l'Administration municipale reconnaît que la faculté dont il s'agit peut leur être continuée sans inconvénient. »

14

double personnel d'employés n'y suffirait pas; une confusion inévitable en serait la suite.

On a parlé d'enclore telle ou telle commune, La Villette ou Bercy, par exemple, et de la transformer tout entière en entrepôt réel. Cela revient à proposer d'exempter à perpétuité une localité entière de la taxe indirecte de l'octroi, et de la faire jouir cependant des fruits de cette contribution et des bienfaits de l'administration commune. Au nom de quel principe refuserait-on le même avantage à Ivry, à Vaugirard, à Grenelle et à tout autre territoire annexé? Pourquoi la banlieue entière ne serait-elle pas un entrepôt réel, dégagé de tout octroi, et profitant, à bon marché, des services municipaux de Paris? Pourquoi la ville elle-même ne jouirait-elle pas aussi des avantages de ce régime?

On le voit, par cette progression de conséquences, c'est encore la suppression de l'octroi qu'on propose; mais, cette fois, on le fait sous une forme déguisée.

Enfin, sur quelques points, on espère la création d'entrepôts proprement dits, à La Villette, sous forme de docks, au bord du bassin; à Bercy, dans l'une des grandes propriétés voisines, ou sur l'emplacement même du quartier commerçant, etc., etc. Rien ne s'oppose à ce que ces vœux soient un jour réalisés. Il est bon de remarquer seulement qu'ils ne sont pas unanimes. Les marchands de vins de Bercy, locataires de chais, de caves, de magasins, et les propriétaires qui louent leurs immeubles au commerce, ne sont pas d'accord. Ceux-ci préfèrent l'entrepôt fictif, qui laisse les négociants dans leur dépendance; ceux-là inclinent pour l'entrepôt réel, qui les affranchit d'exigences parfois onéreuses. L'intérêt public devra servir de guide pour le parti qu'il y aura lieu de prendre.

VI.

Après cet examen détaillé des principales observations présentées au nom des intérêts industriels, je dois mentionner, pour mémoire, quelques réclamations dont l'objet n'est pas de ceux que la loi relative à l'extension de Paris puisse régler, et qui trouveront ailleurs une décision compétente.

Des compagnies d'éclairage au gaz, de distribution d'eau, d'inhumations, font valoir des traités existant entre elles et les communes, ou désirent conclure de nouveaux arrangements avec la municipalité de Paris. Ces points sont du ressort exclusif de l'administration.

La même réponse s'applique aux protestations et réserves de la compagnie des canaux, qu'en cas de désaccord entre l'Administration et cette compagnie, les tribunaux administratifs apprécieront.

Des compagnies de chemins de fer, comme l'avait déjà fait celle de l'Est, demandent que leurs gares de marchandises soient constituées en entrepôts réels. J'ai déjà répondu sur ce point, dans mon mémoire au Conseil municipal de Paris, que c'est une affaire dont le règlement peut avoir lieu dans les termes de la législation existante. Le Conseil municipal de Paris a partagé cette opinion, et il paraît favorable à la concession demandée, mais sous la condition qu'elle soit restreinte dans les plus strictes limites, c'est-à-dire qu'elle ne comprenne rien de plus que les gares de marchandises.

Des officiers ministériels se disent lésés par la modification des circonscriptions de justices de paix et souhaiteraient un dédommagement, les uns, sous forme d'indemnités, qui leur seraient payées par les nouveaux titulaires à nommer, les autres, au moyen de changements introduits dans les dispositions réglementaires relatives à l'exercice de leurs fonctions. Ces points ne me paraissent pas rentrer dans le cercle des questions sur lesquelles vous avez à délibérer, et je crois qu'elles doivent être réservées à l'examen du Gouvernement.

Un grand nombre de propriétaires, possesseurs de terrains bâtis ou non bâtis dans la zone des servitudes défensives, saisissent l'occasion de renouveler le débat élevé naguère par eux contre l'État, et tranché par plusieurs décisions rendues au contentieux. Ils appellent, de leurs instances, une expropriation générale et immédiate de leurs terrains. Mais, que la zone soit réunie à Paris ou qu'elle en demeure distincte, la servitude n'en sera ni aggravée, ni diminuée; les motifs qui l'ont fait établir, dans l'intérêt de la défense nationale, n'en auront ni moins ni plus de force; les arrêts prononcés n'en prendront ni moins ni plus d'autorité. L'annexion de ces territoires ne saurait donc être un motif d'en opérer l'expropriation, et la demande est absolument hors de propos.

Que l'Administration municipale de Paris apporte, à l'action de l'autorité militaire, un concours plus ferme et plus vigilant que celui de la plupart des administrations locales, pour le maintien des règles du droit, cela est incontestable; mais l'intérêt, sacré pour tous, de la défense du pays, n'en sera que mieux servi.

Quant à l'application de l'octroi de Paris à la zone, qui est proposée à la fois par les communes situées en deçà et au delà des fortifications, par le Conseil municipal de Paris et par les deux conseils d'arrondissements (1), elle est facile, et la nature des choses la commande d'une manière impérieuse.

Je signale à toute votre attention, Messieurs, un vœu du Conseil municipal de Paris, touchant les mesures qu'il conviendrait de prendre, dans l'intérêt des établissements industriels qui vont être réunis à la ville et soumis au régime de son octroi, aussi bien que pour l'efficacité des ouvrages militaires, afin d'imposer certaines règles à la formation d'une nouvelle banlieue suburbaine, au delà du rayon des servitudes défensives, et spécialement entre les forts détachés. Il est évident qu'en pareille matière, la prévoyance du présent peut épargner d'énormes sacrifices à l'avenir. Les embarras, auxquels nous devons pourvoir aujourd'hui, auraient été facilement évités, si l'on avait pris, dans le passé, des précautions quelconques, afin de tenir à une certaine distance de Paris les établissements qui gênent aujourd'hui le libre développement de cette ville. Ceux qui seront déplacés par suite de l'extension du régime de l'octroi parisien jusqu'aux fortifications, peuvent indifféremment être reportés plus ou moins loin, aujourd'hui surtout que les chemins de fer ont changé et simplifié toutes les conditions de voyage et de transport. Les obligations qu'un règlement pourrait leur créer à cet égard, n'auraient donc rien de bien onéreux et seraient éminemment utiles à tous les points de vue.

Quant à la ville elle-même, au moment d'en fixer les bornes, on s'est demandé si les fortifications déterminaient bien partout ses limites naturelles. A l'encontre des adversaires du projet, qui auraient voulu tout au moins le restreindre, il s'est trouvé des personnes disposées à l'accuser plutôt d'un excès de timidité. Elles ont fait remarquer que la Seine, en se repliant vers le nord et l'est, au-dessous de Paris, trace, de ce côté, le véritable contour de l'enceinte de la ville, qui, à leur avis, devrait comprendre le bois de Boulogne, avec la commune de ce nom, et la section Billancourt, qu'il s'agit de détacher d'Auteuil, d'un côté ; Neuilly, et la section Levallois, dépendant de Clichy, de l'autre. Le remblai du chemin de fer de l'Ouest servirait de limite. Il est certain que les abords du bois de Boulogne, enfermés dans Paris, pourraient être plus convenablement aménagés, plus certainement préservés des grandes cheminées et de leur fumée, que s'ils font partie de communes sans budget et sans octroi. L'accès et la

---

(1) L'article 4 du projet est ainsi rédigé :

« A partir du 1er janvier 1860, le régime de l'octroi de Paris sera étendu *jusqu'au mur d'escarpe de l'enceinte fortifiée* »
Ce qu'on demande se résume par cet amendement : *« jusqu'aux nouvelles limites de la ville. »*

sortie de la promenade, dégagés de barrières, en seraient plus faciles. Mais cette extension de périmètre n'est point l'objet de l'enquête ; le Gouvernement a pensé qu'il était plus conforme à l'état des choses de s'en tenir à la ligne des fortifications, qui a sa raison d'être, dont le tracé échappe à la discussion, qu'aucun intérêt ne saurait faire fléchir, et dans laquelle peuvent utilement se confondre les limites militaire, administrative et fiscale de Paris.

D'autres observations ont porté sur quelques-unes des divisions administratives indiquées par le plan soumis aux enquêtes. Ce partage du territoire et de la population de Paris a été conçu d'ensemble ; il est moins aisé d'en modifier les détails, qu'il ne le serait d'en dessiner un autre, entièrement différent.

Le Conseil municipal de Paris a pensé que la ligne qui sépare le 9e arrondissement des 8e et 17e, devait suivre la rue du Faubourg-Saint-Antoine, dans toute sa longueur, et l'avenue de Vincennes. Cette modification me paraît sans inconvénient.

Au contraire, je ne suis pas convaincu des avantages d'une autre modification, qui consisterait à reporter la division des 11e et 12e arrondissements, de la rue Saint-Jacques au boulevard de Sébastopol. Indépendamment d'une disproportion considérable de territoires et de populations, qui est toujours regrettable, quand on peut l'éviter, il en résulterait cette anomalie, qu'une des maisons de secours et les principales écoles du 11e arrondissement passeraient dans le 12e, qui en serait ainsi surabondamment pourvu, et que la Ville serait obligée de créer, pour le 11e, des établissements nouveaux, inutiles à la population, dans l'état présent des choses, indispensables à l'action et à l'influence des magistrats municipaux, dans l'hypothèse du changement de circonscription proposé.

Dans la zone suburbaine, des objections s'élèvent au sujet des 15e, 16e et 17e arrondissements.

La tendance de chaque commune importante est de rester le centre d'une administration municipale. Seconder à l'excès cette disposition ne serait peut-être pas sans quelque inconvénient. Toutefois, je reconnais que des carrières, des terrains vagues, un chemin de fer, peuvent être considérés comme des délimitations meilleures encore que l'axe d'une grande voie publique.

Le 15e arrondissement, comprenant Montmartre, pourrait être borné, à l'est, par le chemin de fer du Nord. Le 16e serait composé alors de la partie de La Chapelle, qui est au delà de ce chemin, et de la totalité de La Villette. Le 17e emprunterait au 7e, dont la population est trop considérable, l'espace compris entre la rue de Lancry, prolongée par la rue Grange-aux-Belles, et la rue du Faubourg-du-Temple, s'emparerait de la partie du 8e, qui s'étend de la rue du Faubourg-du-Temple à la rue de Ménilmontant, et se compléterait par la presque totalité du territoire de Belleville, comprise entre les limites actuelles de cette commune au nord-ouest et la chaussée de Ménilmontant, prolongée par la rue Saint-Fargeau; le 8ᵉ, enfin, serait dédommagé de la perte du faubourg du Temple, par l'adjonction d'une partie de Ménilmontant et de la totalité de Charonne.

En somme, ce nouveau plan serait mis en balance avec le projet actuel, que j'hésiterais entre les deux, l'un et l'autre ayant des avantages et des inconvénients qui se compensent. Vous en jugerez, Messieurs.

Vous verrez également s'il convient de maintenir aux arrondissements l'attribution de numéros, qui est proposée, ou si, en adoptant le changement de division qui vient d'être indiqué, ou pour toute autre cause, vous pensez qu'on doive faire suivre, à la série des numéros, une direction différente.

Au dehors de l'enceinte fortifiée, des sections de communes supprimées, que le projet réunit aux communes voisines, demandent à s'agrandir, au contraire, de quelques territoires limitrophes et à recevoir une existence indépendante. D'autres objections de détail s'élèvent, en outre, contre plusieurs des agglomérations proposées. Vous apprécierez la valeur de ces diverses observations.

VII.

Je ne répondrais pas à toutes vos préoccupations, Messieurs, si je n'ajoutais ici quelques mots concernant les effets de l'annexion sur les finances du Département, dont l'équilibre a été si difficile à obtenir et qui font l'objet de notre commune et constante sollicitude.

Les services dont se chargera la Ville de Paris, en s'assimilant la banlieue suburbaine, sont essentiellement municipaux, et figurent, à ce titre, avec une dotation plus ou moins insuffisante, au compte des communes. Toutefois, des sections de routes départementales seront transformées en voies parisiennes, et les dépenses du Département, pour entretien ou travaux neufs de ces routes, en seront diminuées d'une somme évaluée à 146,422 fr., qui profitera aux autres chapitres des 1ʳᵉ et 2ᵉ sections du budget. Quelques casernes de gendarmerie supprimées produiront aussi, dans la 1ʳᵉ section, une économie de quelques milliers de francs.

Le surplus des atténuations résultera : 1° de réductions proportionnelles à la diminution du nombre et de l'importance des communes qui composeront les arrondissements de Sceaux et de Saint-Denis, à opérer dans les dépenses de l'Administration départementale, du tribunal de commerce, de la garde nationale, de l'instruction primaire; 2° d'une réduction de la quote-part des dépenses du service des aliénés, qui reste à la charge du Département, réduction résultant de l'accroissement de la quote-part des communes, par suite de la substitution de la Ville de Paris aux diverses agglomérations de population qu'elle aura absorbées dans son sein. La répartition de ces dépenses est, en effet, proportionnelle aux revenus des communes et non pas à leur population. La différence dont profitera le Département sera de 13,152 fr.

La suppression des communes réunies à Paris diminuera, en dépense et en recette, le service des chemins vicinaux, de 15,000 fr.

Une augmentation peu considérable de dépenses, pour les frais des huit justices de paix à créer, compensera, jusqu'à concurrence de 8,400 fr., l'ensemble des diminutions effectives.

Quant aux recettes, celles, fort peu importantes, qui proviennent de cessions de terrains et de ventes de matériaux, d'arbres abattus, etc., sur les sections des routes départementales, désormais comprises dans l'enceinte de Paris, s'abaisseront de 12,000 fr.

Voici, en résumé, quelle pourra être l'influence de la mesure sur le budget du Département :

	CRÉDITS ALLOUÉS AU BUDGET de 1859.	DIMINUTION DE CHARGES devant résulter immédiatement de l'annexion.
DÉPENSES.		
PRÉFECTURE DE LA SEINE.		
1re Section........................	3,244,137. 73	160,274. »
2e id........................	1,229,481. 03	31,300. »
3e id........................	5,987,162. 49	» »
4e id........................	880,394. 62	15,000. »
5e id........................	189,300. 74	13,640. »
6e id........................	27,645. 15	» »
	11,558,121. 76	220,214. »
PRÉFECTURE DE POLICE.		
1re Section........... 56,171. 27	384,634. 58	*Mémoire.*
2e id........... 328,463. 31		

	SOMMES PRÉVUES AU BUDGET de 1859.	DIMINUTIONS devant résulter immédiatement de l'annexion.

RECETTES.

—

Montant des centimes, fonds libres et part du fonds commun inscrits au budget de 1859.............................. 10,834,546. 61   »   »

PRODUITS DIVERS.

1re Section.	Ventes de matériaux et d'arbres abattus, cessions de terrains, etc..	58,413. 65		12,000. »
2e	Id.	Subventions communales et fonds spéciaux.......................	331,396. 08	» »
3e	Id.	Fonds d'emprunt (loi du 17 juillet 1856).....................,.......	516,000. »	} 1,108,209. 73 » »
4e	Id.	Contingents communaux..........	200,000. »	15,000. »
5e	Id.	............................,..........	» »	» »
6e	Id.	Contingents communaux..........	2.400. »	» »

TOTAL................ 11,942,756. 34   27,000. »

Déduction faite des réductions de recettes, les diminutions de dépenses laisseront libre une somme annuelle de près de 200,000 fr., qui allégera d'autant l'insuffisance de ressources à laquelle le fonds commun doit pourvoir annuellement.

Mais on ne peut se dissimuler que la fiction administrative sur laquelle repose le budget du département de la Seine, deviendra plus transparente à mesure que la disproportion entre la Ville de Paris et le reste du département sera plus grande.

Aujourd'hui, la Ville contribue déjà pour 85 p. % à former la masse des ressources départementales; quand elle s'étendra jusqu'à l'enceinte fortifiée, elle fournira environ 95 p. %.

Les communes des arrondissements de Saint-Denis et de Sceaux n'auront pas à se plaindre si, la somme des recettes ne diminuant pas, la Ville, qui ne profite particulièrement d'aucune des dépenses départementales, s'augmente; elles continueront à recueillir, mais dans une proportion croissante, les avantages que leur assure le rayonnement de sa richesse et de son activité.

Plusieurs de celles qui vont être réunies à Paris ont formulé des demandes que la mesure proposée a précisément pour but de satisfaire.

Ces communes ont depuis longtemps l'ambition, assez mal servie par leurs budgets, d'effectuer de grandes améliorations sur leurs territoires. Elles en attendent, avec raison, la réalisation, plus ou moins prochaine, des puissantes ressources financières de la municipalité qui les absorbe. D'autres, en devenant partie intégrante de Paris, aspirent à des avantages dont leur pauvreté leur interdisait même l'espérance. Rien de plus légitime que ces vœux. Quoiqu'ils ne puissent être accomplis tous à la fois, ni, quelques-uns, dans toute leur étendue, il est évident que, soit sous la forme indiquée par les conseils municipaux, soit sous une autre, qui serait jugée meilleure, ils devront recevoir la suite qu'ils comportent.

A mon sens, les communes qui, jetant un regard sur leurs besoins généraux, ont esquissé des plans, indiqué la direction de rues nouvelles, demandé la prolongation jusqu'aux fortifications de grandes voies parisiennes, dessiné en projet des places, des squares, des promenades, recherché le plus favorable emplacement d'une mairie ou d'une église, appelé jusqu'à leur limite extrême le service des voitures en commun, compté ce qui leur manque de becs de gaz et de bornes-fontaines, parlé, en un mot, comme l'ont fait Passy, Batignolles, Montmartre, La Chapelle, Belleville, Grenelle et quelques autres, méritent, alors même qu'il y aurait excès dans leurs désirs, d'être louées pour s'être élevées au-dessus de préoccupations exclusivement égoïstes, et pour être entrées dans l'esprit véritable du projet qui leur était soumis au nom de l'Empereur.

Je ne pousserai pas plus loin, Messieurs, cet exposé déjà trop long.

Dans quelques détails que j'aie cru devoir entrer, pour montrer avec quelle attention scrupuleuse l'Administration recueille l'expression des intérêts, des besoins, des désirs de la population, vous trouverez encore, dans la lecture des volumineux documents que je place sous vos yeux, des points secondaires que je n'aurai pu toucher, des objections ou des idées que je n'aurai pu signaler.

Mais tout se résume, si je ne me trompe, en ce peu de mots :

La généralité des habitants, appelés à formuler leurs objections ou leurs demandes, s'est tenue à l'écart ; l'intérêt, si universel, de la consommation, n'a pas réclamé ; l'intérêt, non moins populaire, du contribuable, ne s'est pas ému ; rien de ce qui touche, dans son ensemble, la population aisée ou malaisée, n'a paru être en jeu.

Des intérêts spéciaux, qui s'étaient établis dans les conditions exceptionnellement favorables du voisinage de Paris et de l'exemption des charges de Paris, voyant ces conditions changées, ont pris la parole avec une vivacité plus ou moins grande. Vous apprécierez leurs réclamations, dont j'ai dû combattre l'exagération évidente, mais dont je me suis efforcé de n'oublier aucun point important.

Enfin, des vœux ont été émis par des municipalités intelligentes et animées d'un bon esprit, pour que les bienfaits d'une Administration disposant de moyens d'action plus efficaces, soient promptement étendus aux territoires qu'elles représentent. La plupart d'entre vous, Messieurs, peuvent témoigner, comme moi, de l'empressement que la ville de Paris apportera à les satisfaire, dans les limites du possible, pour seconder l'auguste pensée de civilisation et de progrès, dont la mesure projetée est encore une éclatante expression.

Présenté à Paris, le 21 mars 1859.

Le Sénateur, Préfet de la Seine,

D. E. HAUSSMANN.

RAPPORT

FAIT

A LA COMMISSION DÉPARTEMENTALE

PAR

M. CHAIX-D'EST-ANGE

AU NOM DU COMITÉ CHARGÉ DE L'EXAMEN DU PROJET

(SESSION EXTRAORDINAIRE DE 1859.

Séance du 28 Mars 1859.

MESSIEURS,

Le décret impérial du 9 février dernier a convoqué la Commission départementale en session extraordinaire, à l'effet de délibérer sur le projet d'extension des limites de Paris, et cette session, ouverte le 21 de ce mois, doit être close aujourd'hui lundi 28.

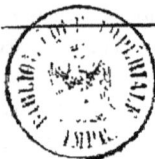

Vous avez pensé que vous deviez confier à un comité spécial le soin d'examiner toutes les questions que ce projet soulève, et de vous rendre compte du résultat de ses travaux. C'est ce compte rendu qu'il m'a chargé de mettre sommairement sous vos yeux.

Déjà des travaux antérieurs, rédigés avec un soin particulier, ont approfondi ces questions. Le Rapport adressé à Sa Majesté par S. Exc. le Ministre de l'Intérieur, le Mémoire présenté au Conseil municipal par M. le Préfet de la Seine, la Délibération de ce Conseil, enfin le Mémoire que M. le Préfet vous a également présenté, ont facilité vos travaux et ont, en même temps, éclairé l'opinion publique.

Vous-mêmes, à votre tour, êtes appelés aujourd'hui à donner votre avis sur cette grande mesure, et il est de votre devoir de l'examiner avec sollicitude, au point de vue nouveau sous lequel elle se présente à vous. Il ne s'agit pas seulement, en effet, de peser les considérations d'ordre public qui semblent rendre indispensable et urgente la mesure de l'annexion; il ne s'agit pas surtout d'examiner quels en peuvent être les résultats dans l'intérêt spécial de la Ville de Paris, quels changements l'annexion doit apporter dans son administration intérieure, ou dans le bon aménagement de ses finances. Il s'agit particulièrement, pour la Commisson départementale, de préciser les résultats que l'annexion doit avoir sur la prospérité du Département, et les conséquences qu'elle peut entraîner pour ceux qui en habitent le territoire.

C'est à ce point de vue que des enquêtes ont été ouvertes, pour recevoir les observations et les doléances de chacun des intéressés. C'est aussi à ce point de vue que les commissions syndicales et les conseils municipaux des communes intéressées, ainsi que les conseils d'arrondissements de Sceaux et de Saint-Denis, ont été appelés à émettre et à développer leur opinion. Leurs délibérations sont sous vos yeux, et vous pourrez voir dans quels termes elles apprécient la mesure de l'annexion.

Le comité, nommé dans le sein du Conseil général, a pensé qu'il ne devait rien négliger, qu'il ne devait omettre aucun des éléments de ce grand débat pour éclairer sa religion, et préparer votre propre délibération. Il s'est donc divisé en trois sous-commissions: la première, composée de trois membres, devait examiner les considérations générales qui se rattachent à la question; la deuxième, composée de trois membres également, devait en examiner les résultats sous le rapport financier; la troisième enfin, composée de six membres, devait dépouiller tous les dossiers, lire toutes les enquêtes, et examiner ainsi toutes les objections qui, soit dans un intérêt collectif, soit dans un intérêt individuel, auraient été soulevées contre le projet. Ce travail préparatoire a été soumis à votre comité, et c'est ainsi éclairé, qu'il a posé les bases du rapport qu'il a eu l'honneur de vous soumettre.

Quant aux considérations générales, le talent et la netteté avec lesquels elles ont été exposées dans les documents déjà connus de vous, et qui ont reçu d'ailleurs une grande publicité, pourraient nous dispenser d'y revenir ici. Nous nous contenterons de les indiquer sommairement.

Dès le jour où les fortifications de Paris ont été décidées par la loi de 1841, il a été facile de comprendre que la capitale ne pouvait être ainsi entourée d'une double enceinte, et que tôt ou tard, par les difficultés que créait cette situation, et d'ailleurs par la loi naturelle du progrès, elle s'assimilerait la zone intermédiaire. Il importait en effet à la sûreté publique, garantie déjà contre les agressions du dehors par le système des fortifications, il importait à la bonne administration de la capitale de l'Empire, de ne pas la laisser ainsi entourée d'un territoire fractionné, placé sous des régimes divers; il fallait à cette grande agglomération qui, par le fait, ne formait déjà plus qu'une seule cité, une administration unique et un régime homogène. C'est ce que le bon sens avait d'abord indiqué, ce que la raison publique comprenait depuis longtemps. Cette mesure cependant devait contrarier de puissants intérêts. Le Gouvernement, qui avait eu tant de peine à obtenir du régime parlementaire la grande et salutaire mesure des fortifications, n'avait pas voulu joindre à toutes les oppositions qu'il rencontrait déjà, celles qu'auraient fait naître autour de lui les intérêts froissés. La mesure de l'annexion fut donc ajournée. Depuis, le désir de ne pas troubler les intérêts individuels ou collectifs engagés dans la question, amena de nouveaux retards. Mais enfin ce désir, dont le principe était si respectable, dut céder devant l'urgence évidente de la mesure. Les temporisations, en effet, n'avaient pas seulement pour résultat de maintenir un état de choses anormal et dangereux, elles avaient encore pour conséquence de l'aggraver chaque jour, en laissant chaque jour se créer, dans cette zone intermédiaire, des intérêts nouveaux, des industries plus nombreuses, et de les laisser s'établir confusément, sous des administrations qui ne pouvaient apporter dans leur règlement aucune vue d'ensemble, aucun plan homogène. Il fallait donc, ou renoncer complétement à l'annexion, ou se décider enfin à la réaliser.

La perfection, Messieurs, n'est pas la loi de l'humanité, et aucun progrès ne peut s'accomplir en ce monde, sans y apporter quelque trouble momentané, et sans que le bien général ne s'achète par quelques souffrances individuelles.

Toute amélioration dans la politique ou l'industrie, dans les sciences ou dans la législation, ne s'est accomplie qu'à cette condition. Il faut donc se décider à ne jamais avancer, ou il faut se décider à surmonter ces obstacles.

Le devoir d'un Gouvernement qui veut être à la fois ferme et paternel, est de marcher dans la voie du progrès, en conciliant, autant qu'on le peut faire, les nécessités qu'impose l'intérêt public avec les ménagements que réclament les intérêts privés.

C'est dans ces sentiments, Messieurs, que la grande mesure de l'annexion a été examinée et discutée dans le sein de votre comité; et le principe même de la mesure, son utilité, son urgence, ont été presque unanimement reconnus par lui.

Le principe étant admis, votre comité a dû rechercher quel serait le résultat de son application, eu égard à la quotité des impôts qui, sous le régime nouveau, tomberaient à la charge soit de la généralité des habitants de la zone annexée, en leur qualité de consommateurs et de contribuables, soit des établissements industriels existant aujourd'hui sur ce territoire.

Aucune observation, digne d'attirer l'attention, n'a été formulée au sujet des surtaxes indirectes qui, par suite de l'annexion, grèveront les consommations individuelles. En effet, ces surtaxes seront presque insensibles, pour ceux qui achètent leurs boissons en détail ou qui les consomment sur place, et, pour tous, elles seront largement compensées par la diminution notable, ou même la suppression, dans certains cas, des cotisations personnelle et mobilière qu'elles supportent aujourd'hui, et par l'exemption des centimes communaux additionnels qui grèvent, dans la banlieue suburbaine, l'ensemble des contributions directes. Ainsi s'explique l'abstention à l'enquête de toutes les classes de consommateurs, même celle des propriétaires d'établissements de débit de tout ordre, qui particulièrement se trouveront affranchis des gênes inséparables de l'exercice.

En résumé, il ressort de la comparaison des diverses contributions directes et indirectes payées par la population de Paris et par celle de la banlieue suburbaine, que l'annexion n'aura pas, sous le rapport des charges individuelles, les inconvénients dont on avait cherché à effrayer les communes de la banlieue.

Les calculs et le tableau contenus aux pages 8 et 13 du Mémoire de M. le Préfet, et dont l'exactitude a été vérifiée avec soin par la sous-commission chargée d'examiner la partie économique et financière du projet, le démontrent avec évidence et ne laissent aucun doute sur ce point.

Quant aux usines et aux établissements industriels qui, comme grands consommateurs de combustibles, sont plus directement affectés, ils ont seuls, à peu près, motivé de sérieuses réclamations; mais leur situation exceptionnelle avait déjà éveillé la sollicitude de l'Administration, et toutes les facilités compatibles avec le principe de la mesure leur sont accordées par le projet. Malgré le préjudice qui doit en résulter pour les finances de la Ville de Paris, il a été stipulé en leur faveur, pour l'application de toute nouvelle taxe, un délai de cinq ans pendant lequel les entrepôts privés existant aujourd'hui, jouiront exceptionnellement de la faculté de l'entrepôt fictif, et les usines consommant de la houille seront franches de tout droit sur ce combustible.

Votre comité a cru qu'il était possible, sans s'écarter de la pensée du Gouvernement, et en lui donnant, au contraire, un développement utile, d'autoriser la prorogation de l'entrepôt fictif, après l'expiration du délai de cinq ans, non-seulement en faveur des *entrepôts de boissons*, comme le faisait le projet, mais encore en faveur *de ceux qui sont consacrés aux autres denrées et aux matières de grande consommation.*

Il croit aussi convenable d'étendre *aux autres combustibles* la franchise de cinq ans accordée à la houille.

M. le Préfet a déclaré adhérer à ces amendements.

Ces points éclaircis, fallait-il approuver le mode consacré par le projet soumis à vos délibérations, ou bien, au contraire, fallait-il ajouter des tempéraments nouveaux à ceux qui déjà, dans le projet, préparent et adoucissent la mesure de l'annexion?

Ici, Messieurs, votre comité ne s'est pas trouvé d'accord. Quelques membres ont pensé que, tout en déclarant l'annexion consommée à la date du 1er janvier 1860, il serait juste cependant, ou plutôt il serait équitable de ne soumettre les territoires annexés au régime de l'octroi parisien, qu'à compter du 1er janvier 1861 ; ils disaient que cette prorogation d'une année était nécessaire à tous ceux qui se trouvaient surpris par la mesure de l'annexion, et qu'il fallait ainsi leur laisser le temps de se préparer à cette transformation.

La majorité de votre comité a pensé qu'il était impossible d'admettre ce délai. Une première considération l'a frappé : la Ville de Paris, en acceptant par la délibération de son Conseil municipal le fardeau de l'annexion, a voulu l'accepter dans la mesure de ses forces. En échange des sacrifices qui lui étaient imposés, elle a calculé les compensations qui lui étaient offertes. Il a paru impossible de déranger ainsi, sans sa participation, l'équilibre de ses calculs, et, en lui laissant les mêmes charges, de ne plus lui offrir les mêmes ressources. La majorité de votre comité a pensé, d'un autre côté, que la mesure de l'annexion était depuis longtemps prévue et annoncée, et qu'ainsi il n'était pas juste de dire qu'elle procédait par surprise; elle a donc rejeté l'amendement proposé.

Alors les auteurs de ce premier amendement ont demandé, par les mêmes motifs, la prorogation à huit années du délai de cinq ans fixé par l'art. 5 du projet. La majorité a combattu le nouvel amendement par ce double motif, qu'un plus long délai serait également préjudiciable aux finances de la Ville de Paris et aux établissements similaires actuellement existant à l'intérieur de la ville.

Tel a été, Messieurs, en résumé, le résultat de nos délibérations. Convaincue de l'urgente nécessité de l'annexion, convaincue en même temps qu'elle ne pouvait s'exécuter que dans les strictes conditions prévues par le projet, la majorité de votre comité n'a pas hésité à vous en proposer l'adoption. Sans doute, il en doit résulter un trouble momentané dans le mouvement de certaines industries; mais elle espère que l'intérêt privé, si facile à s'alarmer, s'est exagéré la portée de cette perturbation ; que bientôt les industries reprendront leur niveau; que les tempéraments accordés par le projet, suffiront à les préserver. Elle compte d'ailleurs sur les assurances qui lui ont été données par l'Administration, et sur ses promesses plusieurs fois renouvelées, d'apporter, dans l'exécution de cette grande mesure, toutes les facilités compatibles avec sa bonne exécution, tous les adoucissements qui pourraient en tempérer la rigueur, sans en compromettre le succès.

Elle regarde enfin comme un sûr garant de l'accomplissement de ces promesses, l'intérêt même de l'Administration à qui il importe, avant tout, de pourvoir aux approvisionnements qu'exigent les besoins de la ville de Paris, et de favoriser le développement du commerce, qui fait sa richesse et sa prospérité.

Votre comité vous propose donc, Messieurs, l'adoption du projet de délibération que je vais avoir l'honneur de vous lire.

(SUIVAIT LE PROJET DE DÉLIBÉRATION.)

DÉLIBÉRATION DE LA COMMISSION DÉPARTEMENTALE.

Extrait du Registre des Procès-Verbaux des Séances de la Commission départementale faisant fonctions de Conseil général de la Seine

(SESSION EXTRAORDINAIRE DE 1859).

Séance du 28 Mars 1859.

Présents : MM. Ferdinand BARROT, BILLAUD, BOULATIGNIER, Comte DE BRETEUIL, CHAIX-D'EST-ANGE, COCHIN, CORNUDET, Eugène DELACROIX, DENIÈRE, DEVINCK, A.-Firmin DIDOT, DUBARLE, DUMAS, DUTILLEUL, ECK, FÈRE, FLOURENS, FOUCHÉ-LEPELLETIER, Victor FOUCHER, KOENIGSWARTER, Eugène LAMY, LEGENDRE, LEMOINE, LIBERT, MARCHAND, MONNIN-JAPY, Ernest MOREAU, OUDOT, PÉCOURT, PELOUZE, PÉRIER, PICARD, POSSOZ, POUMET, SÉGALAS, Amédée THAYER, Édouard THAYER, Germain THIBAUT, duc DE TRÉVISE et VARIN.

LA COMMISSION DÉPARTEMENTALE,

Vu le décret impérial en date du 9 février 1859, relatif à l'extension des limites de Paris, et dans lequel sont posées les bases de la mesure projetée ;

Vu les plans exposés et publiés ;

Vu les procès-verbaux des enquêtes auxquelles il a été procédé en exécution de ce décret ; lesdites enquêtes ouvertes le dimanche 13 février et fermées le 27 du même mois, dans les douze arrondissements actuels de Paris et dans les vingt-huit communes du département de la Seine, dont le territoire est compris dans les nouvelles limites de la ville, ou modifié par le projet de décret ;

16

Vu les avis des commissaires enquêteurs ;

Vu les délibérations des commissions syndicales et des conseils municipaux;

Vu spécialement la délibération du Conseil municipal de Paris, en date du 11 mars 1859 ;

Vu les délibérations des conseils d'arrondissement de Saint-Denis et de Sceaux, en date du 14 mars 1859;

Vu l'avis du Directeur des contributions directes du Département ;

Vu les réclamations et observations exprimées dans les enquêtes, soit par les déposants, soit par les autorités qui viennent d'être énumérées ; lesquelles réclamations et observations examinées une à une avec le plus grand soin, se résument dans les amendements ci-après indiqués, aux bases proposées dans le décret du 9 février 1859 susvisé :

Art. 1er du projet. — *Alinéa 1er.* — 1° Les propriétaires et habitants de la zone assujettie aux servitudes défensives, en vertu de la loi de 1841, demandent à être expropriés ou indemnisés;

2° Les habitants de Billancourt, portion du territoire d'Auteuil réunie à la commune de Boulogne (1er art., 5e alinéa), demandent que cette portion soit érigée en commune distincte;

3° Le commissaire à l'enquête et des habitants notables de la commune de Neuilly (3e alinéa), pour la portion située *au delà* de la zone des fortifications, demandent à être annexés à Paris, comme la portion de leur territoire située *en deçà* de cette zone ;

4° La commune de Belleville (3e alinéa) propose diverses modifications à la circonscription des 16e et 17e arrondissements dans lesquels elle est comprise ;

5° La commune de Montmartre (3e alinéa) propose des modifications à la circonscription du 18e arrondissement ;

6° Les habitants des Prés-Saint-Gervais (4e alinéa), séparés de Charonne, demandent que le hameau de l'Avenir, dépendant de Pantin, soit annexé à la commune ;

7° Les habitants de la portion du territoire de La Chapelle (9e alinéa), réunis, partie à la commune d'Aubervilliers, partie à la commune de Saint-Denis, demandent que cette portion de territoire soit érigée en commune distincte;

Aubervilliers et Saint-Denis demandent l'annexion totale à leur territoire de cette portion de La Chapelle ;

Saint-Ouen demande, en compensation de ce qu'il perd, la portion de ce même territoire, attribuée par le projet à la commune de Saint-Denis;

8° Les habitants de Saint-Mandé (10° alinéa) demandent que la portion du territoire de Charonne, jusqu'à la route n° 41, au lieu d'être réunie à Montreuil, soit annexée à Saint-Mandé très diminué par la mesure ;

Les habitants de Bagnolet réclament pour leur commune le même territoire provenant de Charonne ;

Les habitants de Saint-Mandé demandent, en outre, une portion du territoire de Charenton, et la modification des limites qui séparent la commune de celle de Vincennes ;

9° La commune de Montrouge (14° alinéa) demande l'adjonction de portions des territoires d'Arcueil, Bagneux et Châtillon.

Art. 2 du projet. — 1° Le Conseil municipal de Paris a émis un avis favorable à deux changements de circonscription des 8°, 9°, 17°, et des 11° et 12° arrondissements ;

2° Plusieurs communes ou particuliers sollicitent le changement d'ordre des numéros assignés aux vingt arrondissements.

Art. 4 du projet. — 1° Le Conseil municipal de Paris demande que le régime de l'octroi soit étendu jusqu'aux limites de la zone défensive ;

2° Plusieurs communes désirent que le régime de l'octroi ne soit appliqué qu'à partir du 1er janvier 1861 ou 1862.

Art. 5, 6 et 7 du projet. — 1° Plusieurs communes et un grand nombre d'industries réclament une prolongation à dix, quinze, vingt ou vingt-cinq années du délai pendant lequel l'entrepôt à domicile pourra être accordé (art. 5, 1er alinéa) et du délai de franchise concédé à la houille (art. 7, 1er alinéa);

2° Des commerçants demandent que l'autorisation de conserver l'entrepôt à domicile (3° alinéa) au delà de la période de cinq ans, et les facilités de crédit accordées par l'art. 6, soient étendues à d'autres matières que les liquides ;

3° Plusieurs vœux ont pour but l'extension à diverses industries des facilités accordées aux *usines* (1er alinéa), et l'extension à tous les *combustibles* et aux *matières premières* des franchises accordées à la *houille* (id.) ;

4° La commune de La Villette demande qu'une partie de son territoire et son port soient transformés en entrepôt réel ;

La commune de Bercy émet le même vœu dans l'intérêt du commerce des vins;

La commune de Belleville et celle de Gentilly réclament en faveur de la situation exceptionnelle des plâtrières et des carrières, jusqu'ici interdites dans l'enceinte de Paris ;

Les compagnies de chemins de fer demandent que leurs gares et ateliers soient considérés comme en dehors du territoire ;

Plusieurs communes et diverses industries demandent des facilités pour le payement des droits, soit par l'établissement d'entrepôts réels ou fictifs, soit par l'application du système de *drawback*, soit par l'exercice d'établissements spéciaux, soit par des comptes courants, soit par la suppression des péages et diverses combinaisons de crédit ou de perception ;

5° Divers propriétaires ou locataires réclament des indemnités à raison du trouble apporté dans leur situation;

6° Les notaires, les greffiers, les huissiers, les compagnies de gaz, de canaux, de voitures, les pompes funèbres, les théâtres demandent, soit des indemnités, soit des révisions de leurs traités;

Vu le mémoire présenté à la Commission départementale par M. le Sénateur, Préfet de la Seine, sous la date du 21 mars, présent mois ;

1° *En ce qui concerne les propriétaires et habitants de la zone des servitudes défensives :*

Considérant que l'annexion de cette zone au territoire de Paris est indispensable, pour simplifier les rapports entre les autorités civile et militaire, assurer la perception de l'octroi et l'efficacité de la mesure générale ; que cette annexion n'aggrave pas la situation des réclamants, laquelle est l'œuvre de la loi de 1841, et non le résultat de la mesure actuelle; qu'il n'y a dès lors aucune suite à donner à leur demande ;

2° *En ce qui concerne les demandes de changements de circonscription :*

Considérant que le territoire de Billancourt n'est pas habité par une population assez nombreuse et assez stable, pour être érigé, quant à présent, en commune distincte ;

Considérant que, s'il y a lieu d'exprimer le regret que le territoire de Paris n'ait pas été étendu jusqu'à la Seine, du Point-du-Jour au chemin de fer de l'Ouest, cependant le vœu émis à cet égard dans la commune de Neuilly n'ayant pas été soumis aux enquêtes, ne peut, quant à présent, recevoir aucune suite ;

Considérant que les modifications demandées par Belleville et Montmartre ne pourraient être accordées, sans introduire des changements nombreux dans la division des arrondissements intérieurs de Paris, changements sur lesquels Paris n'a pas été consulté ;

Considérant que la demande des habitants de la portion séparée du territoire de La Chapelle n'est pas admissible, à cause du chiffre peu élevé de la population et de la surface peu étendue du territoire; qu'il y a lieu de l'annexer à la commune de Saint-Denis avec laquelle elle a des moyens de communication plus faciles qu'avec celle d'Aubervilliers; qu'il y a lieu toutefois de maintenir à cette dernière commune la partie du territoire dont il s'agit, qui lui a été attribuée par le projet, et de réunir à celle de Saint-Ouen la portion comprise entre son territoire et le chemin de fer du Nord;

Considérant que les demandes faites par les communes des Prés-Saint-Gervais, de Saint-Mandé, de Bagnolet, de Montrouge, n'ont pas été toutes soumises aux enquêtes, ni au Conseil d'arrondissement, et qu'elles seront plus utilement reproduites à une session ultérieure de la Commission départementale;

Considérant qu'il convient, sans entrer dans un nouvel examen des vœux qui concernent le territoire intérieur de Paris, de s'en référer à la délibération du Conseil municipal de cette ville;

Considérant que le système de numérotage qui, partant du 1er arrondissement, suivrait, par l'ordre des numéros, une spirale allant du centre à la circonférence, a le double avantage d'être plus facile à suivre et d'assigner à de nouvelles circonscriptions des numéros également nouveaux;

Considérant d'ailleurs que l'expérience pouvant seule achever de démontrer les avantages ou les inconvénients de la division nouvelle de tous les territoires compris dans l'enceinte, il convient de prévoir la nécessité d'un remaniement, et de proposer, dès à présent, les moyens de l'opérer sans difficulté;

3° *En ce qui touche l'application du régime de l'octroi de Paris à la zone des servitudes défensives* (art. 4 du projet):

Considérant que la réunion de cette zone à Paris, sous le rapport territorial et administratif, entraîne logiquement l'application contre laquelle on réclame; que, décider autrement, serait placer tous les habitants de la zone dans une situation de faveur qui aurait pour résultat d'accumuler sur ce territoire, comprenant environ 800 maisons et une étendue de 652 hectares, aux portes mêmes de Paris, tous les établissements qu'on a précisément en vue d'éloigner de la ville; que le régime de l'octroi ne présente pas là beaucoup plus de difficultés que dans toutes les villes sans murailles, et que l'Administration s'efforcera d'ailleurs de combiner sa perception, de manière à atténuer pour les habitants les gênes qui pourraient en résulter; qu'au surplus, les difficultés, s'il s'en élevait, ne sauraient être que provisoires, puisque les constructions nouvelles sont interdites, et que les anciennes ne peuvent être reconfortées:

4° *En ce qui touche l'ajournement de la mesure au 1er janvier* 1861 (art. 4 du projet):

Considérant que cet ajournement, qui n'a pas été réclamé lors de l'enquête par les populations, aurait l'inconvénient de priver la Caisse municipale, pendant l'année 1860, de toute recette non-seulement sur les matières premières et sur des combustibles consommés par les usines en faveur desquelles il est demandé, mais encore sur tous les objets entrant dans la consommation individuelle et qui offrent une base bien autrement large aux perceptions de l'octroi; que, dès lors, il placerait la Ville dans l'alternative ou de supporter, sans compensation, pendant l'année 1860, toutes les charges de l'annexion des communes suburbaines à son territoire, ou de suspendre les effets utiles de la mesure, et de retarder ainsi, au profit de quelques établissements, les bienfaits que les communes annexées doivent retirer d'une meilleure police et d'une meilleure administration; que d'ailleurs tout retard dans l'application du régime de l'octroi étant de nature à favoriser des combinaisons de fraude, il y a un grand intérêt à restreindre, dans des limites aussi étroites que possible, les délais nécessités par l'organisation du nouveau service de perception; et que, par ce motif, il convient de maintenir la date du 1er janvier 1860, fixée par le projet;

5° *En ce qui touche la prolongation du délai de faveur accordé aux industries* (art. 5, 6 et 7 du projet):

Considérant que ce délai, calculé avec le plus grand soin par le Gouvernement et l'Administration, est la plus large limite qui puisse être accordée; que le prolonger, serait imposer aux industries du Paris actuel une concurrence désastreuse, et retarder outre mesure le moment où la Ville de Paris jouira de la plénitude des ressources devant résulter pour elle de l'extension du régime de son octroi jusqu'à ses nouvelles limites;

6° *En ce qui touche l'extension à d'autres matières que les vins, eaux-de-vie, bières et cidres, de la faculté d'obtenir l'entrepôt à domicile, au delà de la période de cinq ans* (art. 5, 3° alinéa):

Considérant que si des motifs supérieurs s'opposent à toute prolongation de délai, cependant il est dans le vœu de la Commission départementale, comme dans la volonté certaine du Gouvernement et de l'Administration municipale de Paris, que toutes les facilités compatibles avec les principes de la mesure soient accordées aux industries importantes;

Que, notamment, l'extension demandée paraît de nature à être accueillie, si on la restreint aux *denrées et matières de grande consommation;*

Qu'ainsi limitée dans les bornes où elle est praticable, l'expérience du système de l'entrepôt fictif, jusqu'ici inappliqué à Paris (loi du 28 avril 1816, art. 39), est par elle-même fort utile ;

7° *En ce qui touche l'extension aux matières premières et à tous les combustibles de la franchise temporaire accordée pour la houille, et l'extension de cette faveur à toutes les industries, et non-seulement aux usines* (art. 7) :

Considérant que l'on ne saurait étendre à toutes les industries et à toutes les matières premières l'exemption proposée, sans tomber dans des abus qui détruiraient toute l'efficacité de la mesure et dans des difficultés inextricables ;

Mais, au contraire, qu'on peut étendre à tous les combustibles consommés par les usines, la franchise accordée pour la houille, pourvu que l'Administration reste juge de l'opportunité de cette faveur ;

8° *En ce qui touche les vœux de la commune de La Villette, qui demande que partie de son territoire et son port soient transformés en entrepôt libre ;*

Le vœu analogue de la commune de Bercy, dans l'intérêt du commerce des vins ;

Le vœu relatif à la situation exceptionnelle des plâtrières et des carrières ;

La demande des compagnies de chemins de fer ;

La demande des industries qui sollicitent diverses facilités pour le payement des droits, telles que : *l'établissement d'entrepôts réels ou fictifs, l'application du système de drawback, l'exercice à leurs frais des comptes courants, la suppression de certains péages, et diverses combinaisons de crédit ou de perception :*

Considérant que tous ces vœux tendent à des mesures d'application que l'Administration municipale étudiera en détail, et que la Commission départementale, dans l'impossibilité de rien proposer sur des points si compliqués, doit se borner à prendre ces vœux en très-grande considération, et à les recommander vivement à l'attention de qui de droit, afin que l'on concilie dans la pratique les principes importants du décret, les nécessités de la perception municipale et les graves intérêts du commerce et de l'industrie ;

Considérant spécialement, en ce qui concerne les demandes de La Villette et de Bercy, qu'à l'intérêt du commerce s'ajoute, pour les rendre dignes d'attention, l'intérêt majeur de l'approvisionnement de Paris ;

Considérant que la demande des compagnies de chemins de fer mérite d'être accueillie, quant à leurs gares de voyageurs et de marchandises, mais que la même faveur ne saurait être étendue à leurs ateliers et magasins ;

9° *En ce qui touche la réclamation de divers propriétaires ou locataires :*

Considérant que l'imposition, par une loi, d'une contribution nouvelle, n'a jamais été considérée comme un préjudice donnant ouverture à indemnité ; que le préjudice, s'il existe dans le cas actuel, est loin d'être sans compensation ;

10° *En ce qui touche la réclamation des compagnies ou entreprises de gaz, canaux, voitures, pompes funèbres, théâtres, qui demandent, les uns une indemnité, les autres le maintien ou la révision de leurs traités, et celle des notaires, greffiers, huissiers, qui demandent des dédommagements divers :*

Considérant que ces demandes, dont quelques-unes sont d'ailleurs dignes d'intérêt, doivent être renvoyées à l'examen des autorités avec lesquelles les contrats ont été passés, ou à l'appréciation de l'autorité supérieure compétente ;

11° *En ce qui touche le vœu émis par le Conseil municipal de Paris, relativement aux inconvénients qui pourraient résulter, au point de vue de la ville ainsi agrandie, de la formation d'une nouvelle banlieue à proximité de l'enceinte continue :*

Considérant que la Commission départementale ne peut pas s'associer à ce vœu et s'en remettre également, avec la plus entière confiance, à la sollicitude du Gouvernement impérial ;

Délibère :

ART. 1er.

La Commission départementale, faisant fonctions de Conseil général de la Seine, est d'avis qu'il y a lieu d'adopter le projet qui lui est soumis, sauf les modifications suivantes, en ce qui concerne les art. 1, 2, 4, 5 et 7.

L'art. 1er, relatif aux nouvelles limites de Paris, telles qu'elles sont tracées sur le plan A, est approuvé, sauf le changement ci-après qu'il paraît convenable d'apporter au 9e alinéa :

La portion de territoire, provenant de La Chapelle, « sera réunie, *partie à la* « *commune de Saint-Ouen*, partie à la commune de Saint-Denis, et partie à la com- « mune d'Aubervilliers. »

L'art. 2, réglant la division du territoire de Paris en vingt arrondissements, tels qu'ils sont tracés sur le plan B, est également approuvé, sauf appréciation par l'autorité supérieure, des changements demandés par le Conseil municipal de Paris, ainsi que du meilleur système de numérotage des vingt arrondissements, et avec la disposition additionnelle suivante :

« *A l'avenir, les divisions intérieures de Paris pourront être modifiées par décret,* « *rendu dans la forme des règlements d'administration publique, après enquête et* « *avis du Conseil municipal.* »

Il y a lieu de modifier ainsi l'art. 4 :

« A partir du 1er janvier 1860, le régime de l'octroi *de Paris* sera étendu *jus-*
« *qu'aux nouvelles limites de cette ville ;* »

Il y a lieu de rédiger le 3e alinéa de l'art. 5 de la manière suivante :

« Les grands établissements consacrés au commerce en gros de vins, eaux-de-
« vie, bières et cidres *et autres denrées et matières de grande consommation* qui, en
« vertu du paragraphe 1er, seront admis à l'entrepôt, pourront être autorisés à en
« jouir au delà de la période ci-dessus fixée, si l'Administration municipale recon-
« naît que la faculté dont il s'agit peut leur être continuée sans inconvénients ; »

Enfin, au 1er alinéa de l'art. 7, ainsi conçu :

« Pendant le même délai de cinq ans, les usines en activité à la date du 1er jan-
« vier 1859, dans le périmètre du territoire réuni à Paris, et qui emploient la
« houille, ne pourront être assujetties à des droits d'octroi supérieurs à ceux
« qu'elles payent actuellement pour ce combustible dans leurs communes res-
« pectives, »

On ajouterait cette disposition nouvelle :

« *L'Administration pourra, dans la forme indiquée à l'art. 5, admettre, par*
« *exception, à la même faveur, les grandes industries qui consomment d'autres*
« *combustibles.* »

ART. 2.

La Commission départementale, s'associant au vœu émis par le Conseil municipal de Paris, en ce qui touche les inconvénients qui pourraient résulter, au
point de vue de la ville ainsi agrandie, de la formation d'une nouvelle banlieue à
proximité de l'enceinte continue;

S'en remet, avec la plus entière confiance, à la sollicitude du Gouvernement
impérial, afin que l'exécution de la mesure soit entourée des précautions nécessaires pour sauvegarder les intérêts collectifs de la cité, et les intérêts industriels
de la population annexée, tout en venant ajouter encore à l'efficacité du système
de fortifications qui entoure Paris et garantit la défense de la capitale, en même
temps que la sûreté du pays.

(ONT SIGNÉ AU REGISTRE TOUS LES MEMBRES PRÉSENTS.)

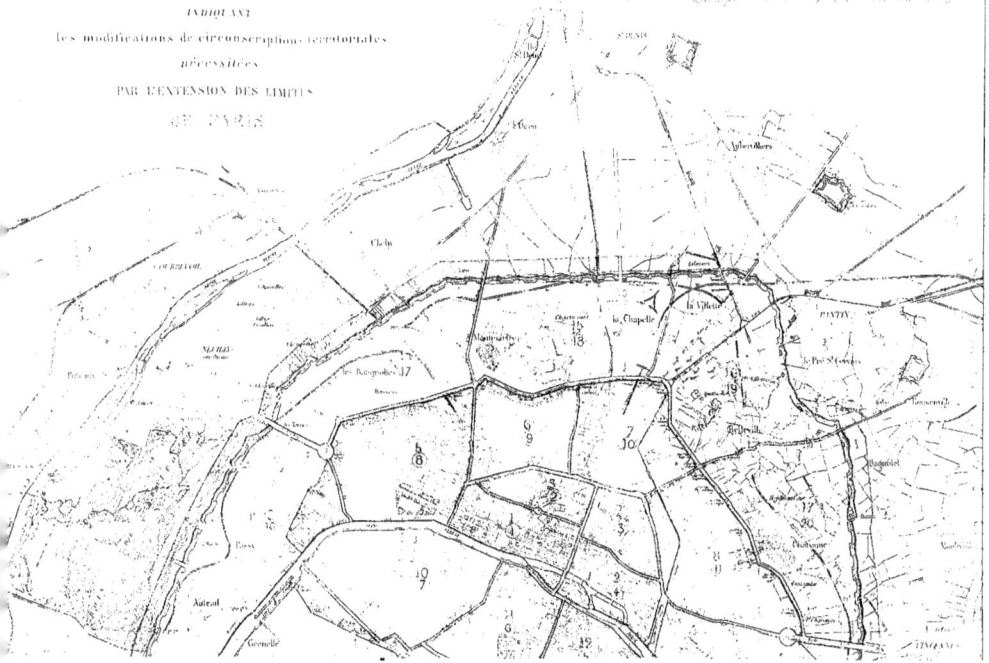

EXTRAIT DE LA CARTE
DU DÉPARTEMENT DE LA SEINE

INDIQUANT

les modifications de circonscriptions territoriales

nécessitées

PAR L'EXTENSION DES LIMITES

DE PARIS

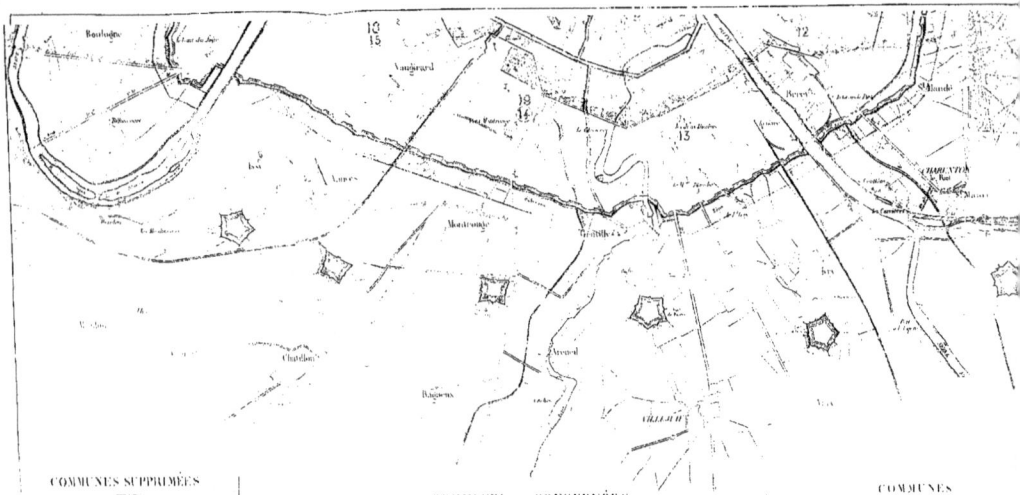

COMMUNES CONSERVÉES

COMMUNES

BOULOGNE
VINCENNIS
MONTREUIL
CHARENTON